U0835475

基于创新保护的信息安全投资博弈研究

Research on Game of Information Security Investment Based on Innovation Protection

孙薇 著

经济管理出版社
ECONOMY & MANAGEMENT PUBLISHING HOUSE

图书在版编目（CIP）数据

基于创新保护的信息安全投资博弈研究/孙薇著. —北京：经济管理出版社，2014.9
ISBN 978-7-5096-3266-6

Ⅰ. ①基… Ⅱ. ①孙… Ⅲ. ①信息技术—高技术产业—投资—研究 Ⅳ. ①F49

中国版本图书馆 CIP 数据核字（2014）第 171483 号

组稿编辑：张永美
责任编辑：张永美
责任印制：黄章平
责任校对：超 凡

出版发行：经济管理出版社
（北京市海淀区北蜂窝 8 号中雅大厦 A 座 11 层 100038）
网 址：www. E-mp. com. cn
电 话：（010）51915602
印 刷：大恒数码印刷（北京）有限公司
经 销：新华书店
开 本：720mm×1000mm/16
印 张：12.75
字 数：236 千字
版 次：2014 年 9 月第 1 版 2014 年 9 月第 1 次印刷
书 号：ISBN 978-7-5096-3266-6
定 价：48.00 元

《基于创新保护的信息安全投资博弈研究》一书是在辽宁大学商学院各位领导的积极鼓励下完成的，并且很多商学院同人也给予了无私的帮助，在此一并深表感谢！

本书是在孙薇的博士论文基础上进一步加工、修改、提炼而成的。值此书稿付梓之际，深深感谢孙薇的博士生导师何德全院士、尤新刚教授和孔祥维教授，师恩难忘！

前言

Preface

创新是知识经济时代的重要特征，创新成果对企业的发展至关重要，因此，企业必须对创新成果的数字化载体加强保护。信息安全是当前世界范围内各种机构组织亟待解决的问题之一。与只关注信息安全的技术研究不同，信息安全问题实际上是包括技术、管理和法律在内的系统工程，其中的信息安全投资问题就是管理领域的重要问题之一。信息安全投资具有独特的策略依存性特点，这种策略依存性正是博弈论的基本特征，因而本书利用博弈理论研究组织的信息安全投资问题，为解决组织的信息安全投资难题提供了新的思路。

本书首先利用有限策略博弈分析了组织的信息安全投资决策问题，然后利用无限策略博弈分析了组织的信息安全投资的具体额度问题，并且考虑到现实社会中信息安全投资主体的有限理性问题，以及预测信息安全投资的长期稳定趋势的需要，利用演化博弈论研究了防守博弈和攻防博弈两种情况下信息安全投资的演化博弈。本书的主要研究内容及成果如下：

(1) 提出了组织信息安全投资决策的有限策略博弈分析方法，为组织正确制定信息安全投资决策提供决策支持。根据得益矩阵建立的两组织及多组织信息安全投资决策博弈模型，全面考虑了信息安全投资所产生的价值效益，不仅包括预防信息安全事故产生的直接价值效益，也考包括信息安全投资为组织带来的提升品牌价值、增加组织声誉等间接价值效益。对于两组织信息安全投资决策博弈模型，纯策略和混合策略纳什均衡分析的结果显现出两种纳什均衡分析的一致性，当信息安全投资成本较高时，惩罚变量的引入则有助于重新实现理想的纳什均衡，并且，通过算例简要说明了两组织信息安全投资决策的博弈分析。在建立的多组织信息安全投资决策博弈模型中，对影响成本阈值的因素进行详细讨论，提出多组织信息安全投资的两项命题，得出信息安全投资成本对博弈均衡的影响规律，进一步寻找促使组织“投资”信息安全成为均衡结果的必要条件，并通过仿真进行验证分析。

(2) 提出了组织信息安全投资额度的无限策略博弈分析方法，为组织合理确定信息安全投资的额度提供科学依据。信息安全投资不足无法保证足够的安全，而投资过多则会造成不必要的浪费，因而必须合理确定信息安全的具体投资额度。根据信息安全投资额度的策略依存性建立信息安全投资额度博弈模型，模型中关系参数的变化反映了两组织间博弈关系的变化。对于模型中关系参数取值的不同情况，根据反应函数法进行博弈的均衡分析。在攻防博弈关系情况下，推导出防守方均衡成本与关系参数相关关系的命题，并通过仿真进行验证。而且，通过算例简要说明了组织信息安全投资额度的博弈分析。

(3) 提出了防守博弈和攻防博弈两种情况下信息安全投资的演化博弈分析方法，预测了博弈方有限理性下信息安全投资的长期稳定趋势。考虑到现实社会中信息安全投资主体的有限理性问题，以及预测信息安全投资的长期稳定趋势的需要，利用演化博弈论进行防守博弈与攻防博弈两种情况下信息安全投资的研究。在防守博弈下信息安全投资的演化博弈分析中，根据信息安全投资的演化博弈模型，通过复制动态分析防守博弈下信息安全投资演化博弈的进化稳定策略，并且通过 Repast 的多 Agent 仿真平台进行演化博弈的仿真验证，实验结果验证了演化博弈的进化稳定策略。对于攻防博弈下信息安全投资的演化博弈问题，首先建立信息安全攻防的博弈模型，分析防守方和攻击方的复制动态及进化稳定策略，进而根据攻防两群体复制动态的关系，得出攻防对抗的规律和长期稳定趋势，既从原理上解释了信息安全攻防循环的问题，也从演化博弈的分析中得出了解决信息安全问题的策略建议。

本书从博弈论的全新角度研究信息安全投资问题，为解决组织的信息安全投资难题进行了有益探索，取得了一些创新性的研究成果。本书的研究对这一前沿领域的开拓具有重要的理论意义，同时对于减少组织在信息安全投资问题中的盲目性、指导组织科学合理地进行信息安全投资具有重要的实践意义。

前言
Preface

Innovation is the characteristic of knowledge economic age, and innovation outcome is very important for enterprises, so enterprises should protect digital carrier of innovation outcome well. Information security is an urgent problem for all kinds of organizations all over the world. Information security is not just a research field of technology, but a systematical engineering of technology, management and law. Information security investment problem is the research field of management. The distinct characteristic of information security investment is strategy interdependence, and strategy interdependence is just the basic characteristic of Game Theory. This doctoral dissertation has made scientific researches on information security problem based on game theory, and provides new methods to solve information security problem for organizations.

This book analyzes information security investment decision problem of the organizations by finite strategy game first, then analyzes the investment quantity of information security by infinite strategy game. Also, in view of bounded rationality and the need to predict the long-term stable trend, this doctoral dissertation studies information security investment under defenders game and attacker-defender game by evolutionary game theory. The main works are as follows:

(1) The finite strategy game analysis method of information security investment decision for organizations is proposed, and it provides the decision support for the

correct information security investment. The information security investment decision game model is set up based on payoff matrix, and this game model contains all the value benefits of information security investment including the direct value benefits of preventing information security disaster and the indirect value benefits such as improving brand value and organization reputation. For information security investment decision game model between two organizations, the contrast of pure strategies and mixed strategies Nash Equilibrium shows the consistency of two analyses. In addition, when the information security investment cost is relatively high, the introduction of penalty parameter can achieve ideal Nash Equilibrium again. The example illustrates the information security investment game of two organizations. For the information security investment game model among organizations, the factors influencing cost threshold are discussed, and two propositions of information security investment are brought forward. The necessary conditions to achieve the equilibrium of investment are deduced, and the simulation analysis is made.

(2) The infinite strategy game analysis method of information security investment quantity for organizations is proposed, and it provides scientific reference for the proper investment quantity of information security. Insufficient investment of information security can not ensure enough security, and overabundant of investment induces the waste, so it is necessary to analyze the proper investment quantity of information security. The information security investment quantity game model is set up based on the strategy independence, and the relation parameter in the model reflects the game relation of the two organizations. According to the different value of the relation parameter, the equilibrium analysis is made based on reaction function method. In particular, for the attack-defence game, the correlation proposition of the defender's equilibrium cost and the relation parameter is set up, and verified by the simulation. The example illustrates the investment quantity game analysis.

(3) The evolutionary game analysis methods of information security investment under defenders game and attacker-defender game are proposed, solve the hard problem of bounded rationality of information security investment subject, and predict the long-term stable trend of information security investment. In view of the bounded

rationality of information security investment subject in the real world and the need to predict the long-term stable trend of information security investment, the evolutionary game researches of information security investment under defenders game and attacker-defender game are made in order to strengthen the reality basis of information security investment game. In the evolutionary game analysis of information security investment under defenders game, based on the evolutionary game model of information security investment, Evolutionary Stable Strategy is analyzed by Replicator Dynamics. The Repast simulation on the multi-agent platform verifies the Evolutionary Stable Strategy. For the evolutionary game of information security investment under attacker-defender game, the attacker-defender game model of information security is set up, and the Replicator Dynamics and Evolutionary Stable Strategy are analyzed. The law and long-term stable trend of attack and defence are studied based on the relation of Replicator Dynamics of the attacker colony and Replicator Dynamics of the defender colony. The research results explain the circle of attack and defence in information security, and put forward the strategy suggestions to settle information security problem.

This doctoral dissertation has made scientific researches on information security problem for organizations from the new angle of game theory, explored the hard problem of information security investment, and achieved some innovative research results. This doctoral dissertation has important theoretical significance for this new research field, and also has important practical significance to reduce the blindness of the investment, and to direct information security investment scientifically.

目录
Contents

第1章 Chapter One

绪 论

1.1 知识经济时代中的创新保护

21 世纪是知识经济时代。知识经济也称智能经济，是建立在知识和信息的生产、分配和使用基础上的经济，主要以知识为基础，是极具生命力的新型经济形态，也是与农业经济和工业经济相对应的一个概念。

知识经济有广义与狭义之分[1]。广义的知识经济是指一种经济形态或经济时代，这种经济形态中还有农业部门和工业部门，只不过是以知识产业部门为主，且工农业都相当程度地知识化了。狭义的知识经济是指知识产业，这类似于农业经济特指农业部门的经济，工业经济特指工业部门的经济。

世界经合组织（OECD）在 1996 年的年度报告中提出了“以知识为基础的经济”的概念，并认为“这种经济直接依赖于知识和信息的生产、分配及使用”。不难看到，“知识经济”只不过是“以知识为基础的经济”的简称。

在 OECD 的定义中将“知识”与“信息”并列，强调两者的生产、分配与使用都属于知识经济的范畴。相反，不是直接与知识和信息的生产、分配和使用有关的经济，不属于知识经济的范畴。

知识经济表达了知识作为生产要素的重要性[1]，它与以劳动为基础的经济、以资本为基础的经济一样，都属于按生产要素划分的经济形态。从人类经济发展史来看，土地、劳动、资本、知识等都是影响经济增长的要素，通过一组生产要素的投入，就可能实现一定数量和质量的产品的产出，达到经济增长的目的，这是所有经济形态下共同的经济增长过程。任何一种经济形态都存在劳动与资本对经济增长的作用，也存在知识对经济增长的作用。但在不同时代，各种生产要素对经济增长的影响程度不同，这成为划分经济形态的标准之一。与其他经济形态不同的是，“知识经济”是“知识”成为经济增长的“主导生产要素”的经济形态。

任何一种产业部门也都同时存在上述各类生产要素的作用。以知识为基础的经济在各个行业中皆有，仅仅是在不同行业中的比重、程度不同罢了[1]。如OECD 在 1996 年的年度报告中进一步解释了“以知识为基础的经济”的两个主要组成部分：一是制造业中的高技术产业，包括计算机、电子和航天行业等，过去 10 年中，这些行业的产出和就业增长很快，OECD 成员国的高技术产业在制造业和出口中的份额翻了一番多；二是知识密集型的服务部门，如教育、通信、信息服务业等的发展。OECD 估计，目前其主要成员国国内生产总值的 50%以上是以知识为基础的。但是，由于“以知识为基础的经济”目前尚未与各国及国际统计口径完全接轨，因此，OECD 认为“50%以上”只是一个“估计”数。

知识经济是人类知识，尤其是科学技术方面的知识积累到一定程度，并且在经济发展中的作用增加到一定阶段的历史产物，同时，知识经济更是新的信息革命导致知识共享以高效率产生新知识的经济形态。

知识经济使得知识要素上升到社会经济发展的基础地位，知识成为最重要的资源，在知识基础上形成的科技实力就成为最重要的竞争力。国家的振兴、民族的发展、企业的成功都在很大程度上依赖于对知识的掌握和创造性的开拓与应用，对于知识的生产、学习和创新已经成为人类最重要的活动之一，知识也相应成为时代发展的主要推动力。

OECD 在《以知识为基础的经济》的报告中详细指出，知识经济是建立在知识的生产、分配和使用基础上的经济，其中的知识指人类迄今为止所创造的所有知识，最重要的就是科学技术、管理及行为科学知识。

正如种植和养殖方面的技术革命将人类带入农业经济时代，蒸汽机和电气方面的技术革命推动人类进入了工业经济时代，信息技术革命则是带领我们人类进入了崭新的知识经济时代。知识经济的基础实际上是信息技术，以数字化、网络化和信息化为特征的新的信息革命为人类信息共享，高效率地生产出新知识，大幅度提高知识生产的效率，极大地推动了人类社会进入知识经济时代的步伐。可见，知识经济的关键就是知识生产率，也就是创新能力。

知识创新[①] 是人类经济和社会发展的重要动力源泉，建设国家创新体系和提高全社会创新意识和国家创新能力，是实现中国跨世纪发展之路的重中之重。然而，知识经济时代下的创新成果可学习性极强，如果没有适当的保护机制，一旦创新成果形成电子文档等形式保存下来，很有可能因为信息安全问题导致创新成果的泄露，所有创新的前期投资都会付诸东流，因此，保护创新成果是知识经济社会中极为重要的问题，从企业的视角来看，创新成果的保护是对创新成本的保障，也是对企业竞争力的重要保护，从社会的宏观视角来看，这也是社会进步必不可少的重要环节。

1.2 信息安全对创新保护的重要性

在这个知识经济的新时代，所有创新成果一旦形成电子文档等信息形式进行保存，就会涉及对其进行保护的重要问题。信息安全不仅关系到企业创新成果的保护问题，更关系到经济的发展、社会的稳定、政权的巩固、民族的兴衰和国家的存亡。因此，信息安全不仅是企业安全的关键环节，也已成为国家安全的重要保障。

当今社会信息安全的国际环境和国内环境都发生了巨大变化：计算机用户爆炸式增长，互联网迅速普及，信息空间作为组织、经济、政治、社会和战争的运作环境而出现，数字融合使信息能以任何形式和方式进行组合、改变和再利用，全球互联使计算机系统日益控制全面的基础设施。在这个信息环境中，所有国家、组织和个人都生活在一个每天都在加强联系的世界中。特别地，电子商务、

① 知识创新主要指通过基础研究和应用研究等，获得新的基础科学和技术科学知识等的过程。

电子政务、电子证券、电子税务、电子银行、电子海关、网上交易、网上购物①等现代化科技手段正逐步改变着人们的经济行为方式。

然而，人们在感受这种信息进步带来的巨大便利的同时，也面临着日益严峻的信息安全问题。2007 年，公安部对全国信息网络安全状况与计算机病毒疫情的调查报告显示[2]，2006 年 5 月至 2007 年 5 月，65.7%的被调查单位发生过信息网络安全事件，同比上升 12%；其中发生过 3 次以上的占 33%，同比上升 11%；计算机病毒感染率为 91.4%，创历年最高。

与此同时，国际上的信息安全事件屡见不鲜。2005 年 6 月 17 日，一名黑客利用电脑病毒侵入万事达信用卡公司的大约 4000 万信用卡账户，遭到入侵的数据包括信用卡用户的姓名和账号等。2006 年 3 月 2 日，汉弥尔顿法院的居民数据被盗，共暴露 130 万条数据。日本包括 eBank、网络银行和瑞穗银行在内的三家银行近日声称，有客户在不知情的情况下，其存款被转账和盗领，在向银行查询之后，才知道是遭黑客入侵。其中瑞穗银行已发生两件类似案件，损失金额达 500 万日元。据美国《金融时报》报道，世界上平均每 20 秒钟就发生一次入侵国际互联网络的计算机安全事件。

导致这种严峻的信息安全现状的原因是多方面的。从我们作为信息使用者的角度来说，存在很多安全问题的漏洞和隐患。在基础设施方面，网络与信息安全基础设施亟待加强。现有的提供网络信任服务的机构过于分散，在技术和应用上缺少互联互通的有效信任链，网络应急和危机处置的技术平台较少，难以支撑管理和技术两个层面的处置工作。在技术产品和标准方面，核心关键技术亟待突破。从我国的情况来看，我国自主开发的信息安全专用产品几乎都属于中端和低端产品，技术水平与国外还有很大差距，高端信息安全产品基本被国外厂商垄断。国内企业信息安全技术的创新能力和质量保证能力十分薄弱，缺少核心竞争力。在法律方面，法律法规体系不健全，结构层次不合理，权利义务不够清晰，法律制定严重滞后于技术发展，与信息安全方面的复杂关系和行为难以规范。

严峻的信息安全现状也拉动了对于信息安全投资的需求。2006 年，思科公司公布了对全球 IT 决策者的最终调查结果[3]。结果显示，大多数决策者都将增

① 中国网上购物消费者调查报告（2011）显示，2010 年我国网上购物呈持续高速发展的态势，全年网购规模为 4980 亿元，占全国社会商品零售总额的 3.2%，网购人数达 1.85 亿，网上购物在网民中的渗透率达到 40.6%。

加信息安全投资，41%的决策者表示2007年的信息安全投资将增加10%以上，中国、印度和巴西作为全球网络经济增长速度最快的三个国家，增加投资的公司比例甚至更高。思科安全解决方案营销副总裁 Jeff Platon 称，越来越多的公司要求IT部门采取更先进的低成本方法来保护公司的信息安全。

2007年，埃森哲（Accenture）① 对中国和美国的3000多位信息技术与安全专家进行的一项调查显示[4]，随着中国在世界经济中的作用不断增加，中国企业在信息技术安全方面面临的挑战也越来越大，中国企业愿意将信息技术预算的19%用于采取安全措施，甚至高于美国企业的比例（12%）。同时，55%的中国企业和39%的美国企业受调查者希望继续增加信息安全投资。2007年德勤的全球安全调查结果显示[5]，98%的调查对象表示已经提高了信息安全投资的预算，但35%的调查对象认为他们在信息安全方面的投资仍然落后于业务需要。

各国政府对信息安全问题也给予了特别的关注，Whitman 和 Michael E.指出，信息安全已成为世界各国政府和商业机构组织关心的重大问题[6]。特别是“9·11”事件之后，美国痛定思痛，连续采取了一系列重大举措，以确保国家的信息安全，主要包括：2001年10月16日，美国发布13231号行政命令《信息时代的关键基础设施保护》，对信息安全管理机构进行改组。2003年2月14日，出台《网络安全国家战略》，指导美国网络信息安全保障工作的发展方向，同时大规模增加信息安全的研发经费。2005年2月28日，美国国家标准与技术研究员（NIST）发布了联邦计算机系统与信息安全指南。可见，美国近年来对信息安全问题的重视程度达到了前所未有的水平。

欧盟对于信息安全问题也格外重视。2002年1月，欧盟出台了《关于网络和信息安全领域通用方法和特殊行动的决议》，对欧盟所有成员国提出了8项具体要求。2002年4月，欧盟发布了《关于对信息系统反攻击的委员会框架协议》，确保各方信息系统在遭受攻击时能够很好地合作。2002年6月，欧盟出台了《电子欧洲2005行动计划》，提出加强信息安全的具体行动计划，同年10月，成立了反高科技犯罪中心。2003年，欧盟拟订2005~2008年的网络安全计划，旨在建立更安全的网络环境、推广新的网络技术并减少网上不良信息。2003年2月28日，欧盟确立了一项新的法律，规定计算机黑客和病毒传播者可判5年监

---

① 埃森哲公司是全球最大的管理咨询公司及技术服务供应商。

禁，从而增强了信息安全犯罪的惩罚力度。

日本根据全球信息安全的新形势，也在积极调整信息安全保障工作。为全面提升反网络攻击的能力，对《信息通信网络安全可靠性标准》进行了修改。日本IT战略本部为确保电子政务的信息安全，早在2001年10月就出台了《确保电子政务实施过程中的信息安全行动方案》，并建立电子商务的信息安全管理机制。①2004年，日本信息安全促进机构发布了政府及相关机构的《信息安全标准》。2005年4月25日，日本成立了“国家信息安全中心”，以全面指导国家信息安全。

在我国，《关于国家信息安全战略》报告中指出，坚持从实际出发，即从实际安全需求出发，综合平衡安全建设成本和安全风险。并且，中国共产党的十六届四中全会把信息安全的重要性提高到空前的战略高度，与政治安全、经济安全、文化安全并列为国家安全的四大范畴。2006年3月19日，中共中央办公厅、国务院办公厅出台《2006~2020年国家信息化发展战略》，指出要全面加强国家信息安全保障体系建设。始终坚持积极防御、综合防范，探索和把握信息化与信息安全的内在规律，主动应对信息安全挑战，实现信息化和信息安全协调发展。研究和掌握国际信息安全领域的先进理论、前沿技术和发展动态，加快信息安全人才培养，增强国民信息安全意识，不断提高信息安全的法律保障能力，促进我国信息安全的自主发展，建立和完善维护国家信息安全的长效机制。

实际上，信息安全投资问题是学术界和产业界极其关注的难点问题之一。对组织创新成果保护的信息安全投资问题进行深入的科学研究，能够减少组织在信息安全投资问题中的盲目性，提高信息安全投资的科学性与合理性，在理论和实践方面都具有重大的研究意义。

在理论意义方面，从博弈论的角度研究创新保护的信息安全投资问题是一个崭新的研究领域，本书对这一领域的研究具有重要的研究意义和价值。国内外对于信息安全投资问题的研究较少，而从博弈论的角度研究信息安全投资问题则更少。博弈论能够为信息安全投资分析提供新的思路和方法，为合理进行信息安全投资提供决策依据，提高管理和决策的科学性，为科学地进行信息安全投资从理论上进行有益的探索。从博弈角度进行的研究不仅为信息安全投资的健康发展和

① 日本IT战略本部还于2009年4月开始执行一项新的信息安全计划（2009~2012年）。这是继2006~2008年的首次信息安全计划之后日本实施的第二次信息安全基本计划。该信息安全计划的核心目标是为日本创建一个安全、可靠的IT网络环境，并在全民中树立“安全立国”思想。

制定科学的政策建议提供依据，而且拓宽了博弈论的应用范围，并且有利于博弈论和信息安全投资等学科理论的交叉与渗透。

在实践意义方面，从博弈的角度研究信息安全投资能够为现实世界中的组织对于创新成果的保护合理地进行信息安全投资提供科学参考。根据防守方组织自身、其他防守方组织、攻击方之间的策略依存性，综合组织的内外要素，从完全理性和有限理性的两个视角，考察短期和长期时间条件下的信息安全投资策略，能够从多主体的全局角度对组织的信息安全投资进行分析，更符合现实世界中的客观情况，并且弥补了在实践中企业组织只根据自身财务状况盲目进行信息安全投资的弊端，也有助于避免管理者在信息安全投资问题上出现“拍脑袋决策”的现象。特别地，对于现实社会中的主体不能满足博弈方全知全能的完全理性的情况，演化博弈论的分析能够解决信息安全投资主体的有限理性问题，并预测信息安全投资的长期稳定趋势。因而，利用博弈论进行的研究能够为组织的信息安全投资提供科学的决策支持，有效指导组织进行创新保护时的信息安全投资实践。

信息安全问题实际上是包括技术、管理、法律在内的系统工程。Ross Anderson 甚至认为[7]，信息安全的经济管理研究在某种程度上比技术研究更为重要。因此，必须从技术背后更深层次的经济和管理角度进行剖析才有可能彻底解决信息安全问题。

信息安全投资① 问题就是信息安全的管理问题中重要的难题之一[8~10]。在实践中，很多组织的信息安全投资仅仅是靠管理者“拍脑袋”做出的决策，投资多少则主要看组织内部的财务状况而定，极其缺乏科学的理论依据。而在信息安全投资的理论研究中，由于信息安全投资具有典型的对抗性、长效性和隐形性等特点，因而普通的投资收益理论在分析信息安全投资问题时具有很大的局限性。例如，基于投资回收期和内部收益的投资决策理论要求投资项目必须是在确定的环境中，而信息安全投资的收益不仅依赖于自身，而且依赖于攻击方和其他信息安全防守方组织的策略，因而信息安全投资的收益具有显著的不确定性，不适用于投资回收期和内部收益等确定环境中的投资分析方法。而不确定情况下的投资分析如决策树分析法、概率模拟分析法、调整折现率法等都需要涉及净现值，即投资项目投入使用后各时期所产生的现金流量按一定的折现率折算为初始投资时的

① 主要用于信息安全中的基础设施建设和技术成本。

价值与初始投资额之差，信息安全投资的收益却很难以各时期的现金流回报进行衡量，可见，不确定情况下的投资理论也不适合分析信息安全投资，因而必须探求更适合信息安全投资的分析方法。

在本书中，组织的信息安全投资是指组织为尽可能实现信息安全，在购买软硬件等安全设备及相关人员工资和培训等各方面投入的费用总和。组织信息安全投资的最显著特点就在于其投资行为与其他主体间的策略依存性。与一般的投资不同，信息安全投资的效果不仅取决于其投资成本，而且信息安全攻击方和其他信息安全防守方组织的策略都会对其产生极其重要的影响。实际上，信息安全攻击方和其他防守方组织等主体的存在，正是防守方组织进行信息安全投资的根本原因。对一个信息安全投资的防守方组织而言，同样的投资成本，在面临“黑客”、商业间谍、网络战士等攻击方不同的攻击状态和其他防守方组织不同的投资决策时，会有不同的投资收益，这种不确定的投资收益主要取决于其他主体的策略选择。也就是说，在与其他主体的不同策略组合下，信息安全投资的防守方组织会有不同的投资收益。因而这种策略依存性是信息安全投资区别于其他投资的最显著特点，对信息安全投资的分析也必须根据这种策略依存性进行展开。

信息安全投资问题的本质可以抽象为信息安全投资主体的策略依存性，而这种策略依存性正是博弈的基本特征。在信息安全投资问题中，信息安全的攻击方和防守方，以及信息安全的防守方之间表现出典型的博弈论特征，因而可以探索利用博弈论的分析方法来研究信息安全投资问题。从博弈论的视角来说，信息安全投资实际就是博弈过程中形成的投资均衡，因而本书探索利用博弈论来研究信息安全投资难题是可行的。

博弈论（Game Theory）是 20 世纪应用数学最重要的理论成果之一，也是经济学最重要的发现[11]。2005 年 10 月 10 日，瑞典皇家科学院将 2005 年诺贝尔经济学奖再度授予在博弈论领域做出重大贡献的两位科学家，获此殊荣的是拥有美国和以色列双重国籍的经济学家罗伯特·奥曼[12~15]（Robert J. Aumann）与美国经济学家托马斯·谢林[16,17]（Thomas C. Schelling）。这两位获奖者都是博弈论领域公认的大师，他们通过博弈理论的分析和应用增强了人们对于冲突与合作的理解[18]。他们的研究超越了经济学的范畴，被广泛地应用于安全和裁军政策等领域，给整个科学领域带来了积极的影响[19]。

早在 1994 年，约翰·纳什[20]（John F. Nash）、约翰·海萨尼[21~24]（John C.

Harsanyi）和雷因哈德·泽尔腾[25~29]（Reinhard Selten）三位经济学家就因非合作博弈均衡的开创性研究而获得了该年度的诺贝尔经济学奖，他们对均衡概念、不完全信息和动态博弈的研究不仅提供了很多新理论，而且大大提高了非合作博弈的预测力和应用性。

1996年的诺贝尔经济学奖得主詹姆斯·米尔利斯[30]（James A. Mirrlees）和威廉·维克瑞（William Vickrey）关于不对称信息条件下的委托—代理理论、信息经济学、激励理论等方面的研究成果都与博弈论的分析密切相关。

2001年获得诺贝尔经济学奖的是乔治·阿克洛夫（George A. Akerlof）、迈克尔·斯宾塞（A. Michael Spence）和约瑟夫·斯蒂格利茨（Joseph E. Stiglitz）三位经济学家，获奖缘由则是对不对称信息市场的考察运用了博弈论中不完全信息博弈理论的分析框架。

2004年的诺贝尔经济学奖授予了芬恩·基德兰德（Finn E. Kydland）和爱德华·普雷斯科特（Edward C. Prescott）两位经济学家，他们的重要贡献就是对经济政策设计特别是时间一致性问题的研究，所用工具已不再是传统的最优化理论，而正是博弈理论。诺贝尔经济学奖的殊荣证明了博弈论的分析方法和它作为一种分析工具在科学研究中的重要地位和作用。

2012年的诺贝尔经济学奖授予了劳埃德·夏普利（Lloyd S. Shapley）和艾文·罗斯（Alvin E. Roth）。美国数学家、经济学家，加州大学洛杉矶分校教授夏普利使用合作博弈的方法来研究和比对不同的匹配方法。关键问题在于保证一个配对是稳定的。夏普利和他的同事找到了一个叫作GS算法（Gale-Shapley Algorithm）的方法。这种方法能确保匹配是稳定的。他还重新设计了现存的制度，帮助医生和医院、学生和学校、器官捐赠者和病人之间进行配对。这些改良全部是基于GS算法的，并做了各种修正，考虑到了特殊环境要求和伦理道德限制，比如排除转移支付的场景。美国经济学家、哈佛商学院经济与商业管理教授艾文·罗斯，意识到了夏普利的理论计算结果可以让实践中重要市场的运作方式变得更清晰。在一系列的经验性研究中，罗斯和他的同事得出结论：为了理解某个特定市场制度为何成功，研究其稳定性是关键。罗斯后来成功地通过系统性的实验室实验支持了这个结论。

博弈论又被称为对策论，是应用数学和经济学的一次深刻革命，主要研究决策主体的行为发生直接相互作用时的决策及其均衡问题。作为一门新兴的学科，博弈论带有方法论的性质，具有其他分析工具所不可比拟的优势，它拓宽了各学科的分析视野，找到了解决问题的可行路径。博弈论思想正成为基本的分析工具，逐步改变着各领域学者思考问题的方式。同时，博弈理论也大大加深了人们对问题认识与理解的深度，人们发现越来越多的问题可以通过博弈分析获得有说服力的结论。

据统计[31]，博弈论是近年国际上各类经济学文献中出现频率最高的关键词之一。在西方国家，很多大公司都专门聘请博弈论专家担任决策参谋。现在，博弈论已被广泛应用于经济学、军事科学、政治学、生物演化以及社会科学等各个研究领域。博弈论的分析方法是对现实的归纳和总结，反过来又可以更好地解释和指导现实世界。博弈论相对于其他发展成熟的学科而言存在着相对大的创新空间，这种创新主要来自于对现实世界的冲突、对抗与合作的研究与关注。具有相互对抗和反应特征的信息安全投资问题正好可以应用博弈论来解决。Samuel N. Hamilton 直接指出，将博弈论应用于信息安全问题将会是未来很有前途的一个发展方向[32]。

博弈论为研究和解释信息安全投资行为及其进化提供了很好的理论方法，利用博弈论分析信息安全投资难题具有可行性。博弈论应用数学和逻辑的方法，更加全面而完整地分析信息安全投资的决策过程，能够有效指导组织进行科学的信息安全投资决策，预测信息安全投资的长期稳定趋势。同时，信息安全投资难题的解决需要博弈论的分析方法，信息安全投资的博弈特点决定了利用博弈论分析信息安全投资分析的必要性。信息安全投资问题的内在规律和根源可以通过博弈论得以揭示，组织在信息安全投资问题中隐含的经济关系和经济现象也能够通过博弈论得到有效分析，因而博弈论对具有相互对抗和反应特征的信息安全投资问题而言是有效的决策理论和经济分析工具。

1.3 博弈论的理论基础

1.3.1 博弈论的创立及发展

1.3.1.1 博弈论的创立期

博弈论的出现与发展是一个逐渐演变的过程。从 20 世纪 30 年代到 1944 年可以说是博弈论的创立期。1944 年，美国数学家冯·诺依曼和经济学家奥斯·摩根斯坦出版的《博弈论与经济行为》[33] 标志着博弈论的创立。这部巨著总结了当时所有的博弈论研究成果，首次清晰完整地表达出博弈理论的框架。该书对两人零和博弈进行了深入的研究，同时在合作博弈方面提出了稳定集、联盟博弈、核、解概念、可转移效用等重要思想。根据海萨尼（D.C.Harsanyi）的理论，如果在博弈中的意愿表示、协议、承诺、威胁具有完全的约束力并可强制执行，则该博弈是合作的。如果意愿表示不可强制执行，则认为是非合作博弈[34]。事实上，合作博弈可视为非合作博弈的进一步延伸，它略去非合作个体之间建立合作关系的过程而着重研究合作的可能性与形式。由于省去从非合作到合作过程中繁复的难以尽述的细节，合作博弈能对合作问题有更清晰的把握[35]。

虽然创立期的博弈论还略显稚嫩，但这种全新的理论却为数学和经济学的发展注入了新的生机，照亮了未来军事、政治、自然科学等多学科的发展前程。

1.3.1.2 博弈论的发展期

从 1944 年博弈论的创立至 20 世纪 50 年代是博弈论的发展期。该时期的代表人物就是人们耳熟能详的博弈论大师约翰·纳什（John Nash）。纳什是美国数学家和经济学家，他于 1950 年发表的《N 人博弈的均衡点》和 1951 年发表的《非合作博弈》奠定了非合作博弈的理论基础。他在文章中定义了“纳什均衡”(Nash Equilibrium）的概念，提出了“纳什计划”（Nash Program)，并发现了“公理议价理论”（Axiomatic Bargaining Theory)，不但证明了纳什议价方法的存在，而且提出了“纳什计划”的第一个应用方案。Nash 的研究成果带有深刻的数学性质：公理化的表述、严密的逻辑和广泛的适用性。Nash 对于非合作博弈的开创性研究使得他与 John Harsanyi 以及 Reinhard Selten 两位博弈论专家共同荣获 1994 年的诺贝尔经济学奖[20,36~39]。

这一时期可谓是博弈论研究的第一个高潮。除了约翰·纳什以外，还涌现出了很多博弈论大师。Tucker 于 1950 年定义了“囚徒困境”（Prisoner's Dillema）和重复博弈（Repeated Game）的概念[40]。H.W.Kuhn 于 1953 年提出了扩展型博弈① 和信息问题。这种扩展型博弈的框架沿用至今，并成为扩展型博弈的经典理论。奥曼则在 1959 年提出了重要的“强均衡”（Strong Equilibrium）的概念。此外，合作博弈在这期间也获得了长足的发展。John Nash 和 Shapley 于 1953 年提出了“讨价还价”模型和 Shapley 值的概念。同时，Gillies 和 Shapley 于 1953 年定义了“核”（Core）的概念[41]。按照奥曼（R.J.Aumann）的观点，“40 年代末 50 年代初是博弈论历史上令人振奋的时期，原理已经破茧而出，正在试飞它们的双翅，并且活跃着一批博弈论的大师。”

此时，研究博弈论的学者多为数学家，Princeton 大学成为当时研究博弈论的重要机构。随后，圣基尼卡的兰德公司也成为博弈论的重要研究基地。但受“二战”及美苏对立背景的影响，当时博弈论的重要应用领域就是军事问题。

1.3.1.3 博弈论的壮大期

20 世纪六七十年代是博弈论的壮大时期。博弈论在理论和应用方面都取得了重大进展。

Selten 在认识到静态博弈分析问题的有限性以后，创新性地将动态分析引入博弈论。Selten 于 1965 年提出的博弈方选择“相机计划”（Contingent Plans）博弈中，认为由于“空头威胁”（Empty Threats）的存在，因而不是所有的纳什均衡都是合理的，进而提出了“子博弈完美纳什均衡”（Subgame Perfect Nash Equilibrium），实现了对纳什均衡的完美精练[42]。在此基础上，Selten 又提出了“完美纳什均衡”、“完美贝叶斯纳什均衡”和“颤抖手均衡”等一系列重要的概念（Trembling Hand Perfect Equilibrium）[43]，以及“逆推归纳法”的求解思想。Selten 大量的研究成果不仅丰富了博弈理论，而且为信息经济学打下了坚实的理论基础。

① 在扩展型博弈中，每一个博弈参与者（Player）都有确切的决策次序，并且对扩展型博弈所有阶段中所有参与者所掌握的信息做出相应的假设。

John Harsanyi 则开辟了不完全信息博弈的研究领域，为不完全信息博弈构建了基本理论[44]。Harsanyi 在不完全信息博弈理论中，定义了不完全信息静态博弈的基本均衡概念“贝叶斯纳什均衡”(Bayesian Nash Equilibrium)，提出针对不完全信息博弈问题的标准分析方法，运用随机分析方法解决了博弈论中信息不完全和不对称的问题，而信息不完全和不对称问题正是现代博弈论的一个重要特征。1973 年，豪尔绍尼第一个否认了局中人利用随机化装置来决定其行动的传统观点，认为没有人能真正地随机化，随机化的出现是由于收益没有确切地被所有人知道，每个确切地知道自己收益的局中人都有唯一一个最优行动[45,46]。海萨尼不但发展和应用了贝叶斯决策理论，建立起不完全信息博弈的一般解法，而且还用不完全信息重新解释了混合策略纳什均衡。由此发展起来的不完全信息动态博弈模型使博弈理论研究与实际应用的结合更为密切，在现代博弈论的发展道路上又树立了一个新的里程碑[47]。

英国剑桥大学教授莫里斯（Mirrlees）于 1971 年在《经济研究评论》杂志上发表了著名的《最优所得税探讨》，将博弈理论引入税收分析，探讨政府在面临不完全信息的情况下，如何设计出最优税收体制。莫里斯因此荣获了 1996 年诺贝尔经济学奖。

之后，不完全信息动态博弈迅速发展起来，弗得伯格和泰勒尔定义了重要的均衡概念——“精练贝叶斯—纳什均衡”[48]。这一时期广大博弈论工作者阐述和澄清了常识性的基本概念，① 并研究了谈判集等相关概念，多人博弈也获得了较大发展，博弈论逐渐形成了完整而系统的体系，并且与数理经济及经济理论建立了牢固而持久的关系。

在应用方面，博弈论在实践中得到了广泛应用。非合作博弈理论在大批经济模型中显示出了巨大的应用价值，并且生物学、哲学和计算机科学等领域也都借助博弈论获得了大量颇有价值的学术成果。博弈理论逐渐为各领域的学者所接受，经济学家开始把博弈论视为最有效的经济分析工具之一。

在博弈论的研究地域方面，突破了只有普林斯顿大学和兰德公司两个研究中心的局面，联邦德国、苏联、以色列和比利时都已建立起了重要的博弈论研究中

① Thomas C. Schelling 提出的“焦点”（Focal Point）概念，以及奥曼（Aumann）提出的相互关联的均衡概念也都是具有代表性的学术成果。

心，博弈论开始在世界范围内展开理论和实践的研究。

在博弈论的专业期刊方面，《国际博弈论杂志》于 1972 年正式创刊，第四届国际博弈论专题研讨会在康奈尔大学隆重举行，在《经济学理论杂志》、《数理经济学》、《经济计量学》等重要的经济期刊中发表的博弈论论文越来越多。

这一时期最具代表性的研究成果是开辟了演化博弈论（Evolutionary Game Theory）的研究领域。1973 年生物学家 John Maynard Smith 提出了“稳定进化策略”（Evolutionary Stable Strategy，ESS）的概念[49]，使得博弈论在生物学上的应用取得突破性进展，为演化博弈论奠定了坚实的基础。

1.3.1.4 博弈论的成熟期

20 世纪 80 年代和 90 年代是博弈论走向成熟的时期。在这一阶段，博弈论自身的体系更加系统与完整，同时博弈论正逐渐成为主流经济学的重要组成部分，甚至可以说是微观经济学的基础[35]。这个时期最重要的进展包括奥曼于 1981 年提出运用自动学的概念来描述一个重复博弈中的局中人。① 克瑞普斯（David M. Krepes）和威尔逊斯密（Robert Wilson）在 1982 年将子博弈完美均衡思想扩展到具有不完全信息的信息集的扩展型子博弈，提出“序列均衡”（Sequential Equilibrium）的扩展思想[50]。1984 年，B.D.Bernheim 和 D.G.Pearce 提出了“可理性化性”（Rationalizability）的概念。John C.Harsanyi 和 Reinhard Selten 于 1988 年提出了在非合作和合作博弈中选择的一般理论，为在两者之间选择均衡点提供了参考标准[51]。同年，罗伯特·帕特南（Putnam）提出了重要的“双层博弈”理论[52]。1991 年，D.Fudenberg 和 J.Tirole 提出了“完美贝叶斯均衡”（Perfect Bayesian Equilibrium）的思想。

演化博弈论在这一时期迅速发展起来，成为博弈论研究框架的转折点。1982 年，斯密（John Maynard Smith）正式出版了《演化与博弈论》（*Evolution and The Theory of Game*），系统阐述了“演化博弈论”的思想，把人们的注意力从企图构造日益精细但仍未能完全解决理性基础缺陷的理性定义中解脱出来，从另一个角度着手为博弈论的研究寻找到可能的突破口，成为演化博弈论的先驱者[46,53]。

这一时期又创刊了《博弈与经济行为杂志》，成为继《国际博弈论杂志》之后

① 1981 年，Elon Kohlberg 将“顺推归纳法”（Forward Induction）引入博弈理论。

又一个专门研究博弈论的学术期刊。与此同时，各种博弈论专著也纷纷出版。①1999年，美国波士顿大学的经济学教授库珀（Cooper）利用博弈论的方法研究了宏观经济的"互补性"，并系统阐述了"协调博弈"理论，出版了《协调博弈——互补性与宏观经济学》[46,54]。

20世纪90年代至今，博弈论相关研究在诺贝尔经济学奖中频频夺冠，标志着博弈论的学术地位得到了最具权威性的肯定。博弈论开始受到经济学家以及其他领域学者真正广泛的重视，并且被公认为是最重要的经济理论之一。作为经济学的核心分析方法，博弈论开始贯穿几乎整个微观经济学、产业组织理论，在国际经济学、劳动、福利、环境等学科中也开始占越来越重要的地位，大有"吞噬"整个现代西方经济学理论的气势。也正是从这个阶段开始，博弈论开始成为西方国家经济学专业和许多相关专业学生的一门必读课，有志于经济理论及相关研究的学者，更是必须熟练掌握和运用博弈论的原理和方法。博弈论的思想、词汇也开始在经济学专业杂志上大量出现，不懂博弈论的学者开始在阅读经济学文献方面遇到越来越大的困难和限制，几乎到了不懂博弈论就意味着不懂现代经济学的地步[55]。

博弈论虽然历经了半个多世纪的大发展，但是到目前为止，还远远没有达到顶峰，博弈论还有着广阔的发展前景，仍是一门新兴发展中的学科。首先，由于博弈论本身具有深刻而优美的本质魅力，新的博弈分析工具和应用领域的不断发现，以及博弈分析的价值得到越来越充分的认识，不断吸引新的理论和实践工作者对博弈论进行研究和应用。其次，随着博弈论的发展和博弈研究的不断深入，人们意识到这种理论还存在着不少问题，特别是理论基础方面还存在一些没有很好解决的根本性问题。最后，贸易、金融、法律、政治等众多领域，不断提出新的博弈论研究课题，也不断产生新的应用博弈模型。此外，目前在合作博弈和非合作博弈两大博弈中，非合作博弈理论的成熟程度大大高于合作博弈理论。但合作博弈同样是非常重要的博弈理论，合作博弈理论发展的相对落后，正说明这个领域还有很大的发展潜力，很有可能会孕育出引发新的经济学革命的重大成果。同时，非合作博弈和合作博弈理论的重新相互融合，也可能给博弈论的发展提出

① 1983年艾奇斯（Ichiishi）出版的《经济分析博弈论》、1984年舒比克（Shubik）出版的《政治经济的一个博弈论》、1986年麦克米伦（Mcmillan）出版的《国际经济学的博弈论》，以及1990年弗里德曼（Friedman）出版的《博弈论及其在经济学中的应用》都是这一时期具有代表性的学术专著。

新的方向和课题。正是由于这些原因，博弈论在未来相当长的一段时间内必然会有更进一步的发展，也会对其他相关学科的发展做出更大的贡献[31]。

1.3.2 博弈论的基本概念

John C. Harsanyi 在 1994 年获得诺贝尔经济学奖的获奖词中将博弈论定义为："博弈论是关于策略相互作用的理论。"博弈论的研究范式是在特定的博弈规则下博弈方追求其自身得益的最大化。博弈关系的建立涉及的基本概念主要有博弈方、策略、得益、博弈次序、信息、均衡、结果[35,46,56~59]。

1.3.2.1 博弈方

在博弈中，博弈方是指独立决策、独立承担博弈结果的自然个人或社会组织，目的是通过选择策略来最大化自己的得益。不作决策的被动主体则被当作环境参数来处理。在博弈规则确定之后，各博弈方都是平等的。由于博弈问题的基本特征就是策略依存性，不同博弈方的策略之间具有复杂的相互影响和作用，如果博弈方的数量越多，则这种策略依存性就越复杂，因此博弈方的数量是博弈结构的重要参数。根据博弈方数量的多少，博弈可以分为单人博弈、两人博弈和多人博弈。除了实际的博弈方之外，博弈论还可以将"自然"作为"虚拟博弈方"来对待。"自然"是决定外生随机变量的概率分布机制，自然作为虚拟的博弈方没有自己的得益和目标函数。在博弈论中，一般用 $i=1, 2, \cdots, n$ 代表博弈方，N 代表作为虚拟博弈方的"自然"。

1.3.2.2 策略

策略是各个博弈方在进行决策时可以选择的方法、做法或经济活动的水平、量值等，是博弈方在博弈中某个时点的决策变量。一般用 s_i 表示第 i 个博弈方的一个特定策略，$S_i=\{s_i\}$ 表示可供博弈方 i 选择的所有策略的组合。博弈方的策略可能是离散的，也可能是连续的。不同博弈中可供博弈方选择的策略不尽相同，同一个博弈中不同博弈方的可选策略也可能大不相同。

1.3.2.3 得益

对应于各博弈方的每一组可能的策略选择，都应有一个结果表示该策略组合下各博弈方的得失。由于对博弈的分析主要是通过数量关系的比较进行的，因此大多数博弈本身都有数量的结果或可以量化为数量的结果，例如，利润、收入、损失、经济福利、个人效用和社会效用等。博弈中这些可能结果的量化数值，就是各博弈方在相应情况下的得益。得益是分析各种博弈模型的标准和基础。博弈方的得益是所有博弈方策略选择的函数，如果用 u_i 表示第 i 个博弈方的得益，则 $u_i = u_i\ (s_1,\ \cdots,\ s_i,\ \cdots,\ s_n)$。

1.3.2.4 博弈次序

在现实的各种博弈活动中，当有多个博弈方进行决策时，有时这些博弈方同时做出选择，有时策略选择又有先后的顺序，并且博弈方还有可能做出不止一次的策略选择。这就会涉及博弈的次序问题。因此，次序也是博弈的重要特征，在其他博弈要素相同的情况下，博弈次序不同就会导致不同的博弈。

1.3.2.5 信息

信息是博弈方有关博弈的知识，特别是关于“自然”的选择、其他博弈方的策略和得益等知识。信息集是博弈论中描述博弈方信息特征的重要概念，主要指博弈方在特定时刻有关变量值的知识。博弈中的信息状况主要有完全信息、不完全信息、完美信息、不完美信息。

完全信息（Complete Information）：博弈中的各博弈方都完全知道所有博弈方在各种情况下的得益。

不完全信息（Incomplete Information）：博弈中至少有部分博弈方不完全知道其他博弈方的得益。

完美信息（Perfect Information）：动态博弈中博弈方完全了解博弈进程的情况。

不完美信息（Imperfect Information）：动态博弈中博弈方不完全了解博弈进程的情况。

1.3.2.6 均衡

均衡是所有博弈方最优策略的组合，是各博弈方利益的相对稳定状态。用 $s_{-i} = (s_1,\ \cdots,\ s_{i-1},\ s_{i+1},\ \cdots,\ s_n)$ 表示由除博弈方 i 之外的所有博弈方的策略组成的向量，如果对于 s_i^*，有：

$$u_i(s_i^*,\ s_{i-1}) \geqslant u_i(s_i',\ s_{-i})\ \forall\ s_i' \neq s_i^*$$

则 s_i^* 是给定 s_{-i} 情况下第 i 个博弈方的最优策略。这时定义所有博弈方的最优策略组合 $s^* = (s_1^*,\ \cdots,\ s_i^* \cdots,\ s_n^*)$ 为博弈的均衡。

1.3.2.7 结果

下面讨论博弈分析者感兴趣的各种博弈均衡组合，例如，均衡得益组合、均衡策略组合等。

1.3.3 基本的博弈类型及其均衡

博弈论可以划分为合作博弈与非合作博弈。合作博弈与非合作博弈的主要区别在于人们的行为相互作用时，当事人是否达成一个具有约束力的协议。如果当事人达成了具有约束力的协议就是合作博弈，否则就是非合作博弈[31]。

合作博弈的发展目前来说还远不如非合作博弈理论的发展。合作博弈理论强调团体理性，强调的是效率、公正和公平，不讨论合作的具体达成过程，直接讨论合作的结果与利益的分配。1953 年洛依德·沙普利提出了合作博弈中非常重要的沙普利值，奥曼则提出了一个描述 NTU 值解的公理化集，这些都对合作博弈理论的发展做出了贡献。在合作博弈中，纳什（Nash）研究的讨价还价博弈和联盟博弈都是最重要的合作博弈内容。联盟博弈的隐含假设是存在一个在参与者之间可以自由流动的交换媒介（货币），每个参与者的效用与它是线性相关的。这些博弈被称为可转移效用博弈，或“单边支付”博弈。非合作博弈强调个人理性和个人最优决策，不考虑集体利益的影响，著名的纳什均衡即为非合作博弈。

下面介绍发展较为成熟的非合作博弈的基本类型及其均衡。

1.3.3.1 完全信息静态博弈及纳什均衡

对于完全信息静态博弈，纳什均衡是一个最基本且最重要的概念，在寻找纳什均衡的过程中，有多种方法可以选择，如上策均衡、完全下策反复消去法、划线法、箭头法等，但这些方法实际是各有局限的，基本上都只适用于有限策略博弈分析，特别是上策均衡（Dominant-strategy）根本不是普遍存在的，而完全下策反复消去法虽然比上策均衡适用面宽一些，但仍未能避免自身的局限性。划线法在分析用得益矩阵表示的博弈问题时具有较高的适用性，在有限策略博弈分析中很有用处。一致预测性是纳什均衡的本质属性，也是保证纳什均衡价值的重要性质。这个性质保证了预测结果成为现实的可能性。

纳什均衡的定义为：设 $G=(N, S_1, \cdots, S_n, u_1, \cdots, u_n)$ 为一个完全信息的静态博弈模型，称策略组合 $s^*=(s_i^*, s_{-i}^*)$，$s_i^*\in S_i$ 为一个纳什均衡，如果对 $\forall i\in N$，s_i^* 是在 $s_{-i}=s_{-i}^*$ 条件下局中人 i 的最优选择，即 $u_i(s_i^*, s_{-i}^*)=\max\limits_{s_i\in S_i} u_i(s_i, s_{-i}^*)$ 或 $u_i(s_i^*, s_{-i}^*)\geq u_i(s_i, s_{-i}^*)$，对于 $\forall s_i\in S_i$ 成立。实际上就是任一博弈方的策略都是对其余博弈方策略组合的最佳对策。

1.3.3.2 完全且完美信息动态博弈及子博弈完美纳什均衡

子博弈完美纳什均衡（Subgame Perfect Nash Equilibrium）在完全且完美信息动态博弈中的地位就如纳什均衡在静态博弈中的地位一样，是核心性质的概念和基本着眼点，而且是比纳什均衡更强的均衡概念，而进行子博弈完美纳什均衡分析的核心方法就是 Backwards Induction，当然，有突出优点的事物往往具有严重的弱点，这种方法在分析实际问题时还是有很多局限性的。[①] 此外，博弈方的理性问题和犯错误性质的判断也是必须考虑的现实问题，进而颤抖手均衡和顺推归纳法的解决方案应运而生，顺推归纳法认为博弈方有能力实现对自己比较有利的均衡，而非偶然性的错误。

1.3.3.3 完全但不完美信息动态博弈及完美贝叶斯均衡

完全但不完美信息动态博弈类型是对于博弈的得益具有充分的信息，但对于博弈的进程则至少有部分人不全部了解。如果各博弈方都只有一次行为选择，并且所有后行为的博弈方都无法看到自己选择之前的所有其他博弈方的行为选择，实际上这种博弈就演变为静态博弈，可以用静态博弈来处理，但除了这种情况之外的博弈，还需要专门的分析工具和方法。而且，当一些早已存在的情况只是博弈方对它的了解程度有差异时，可以将这种非主动性选择引进动态博弈作为一个阶段，并用对该阶段情况了解程度的差异来反映博弈中的不完美信息。

针对完全但不完美信息动态博弈，主要的均衡概念就是完美贝叶斯均衡。当一个策略组合及相应的判断满足其规定的四个要求时，就可以称为“完美贝叶斯均衡”。在完全且完美信息博弈中，完美贝叶斯均衡实际上就是子博弈完美纳什均衡，进一步，完美贝叶斯均衡在静态博弈中就成为纳什均衡。

但是，完美贝叶斯均衡必须包含的“判断”及其与均衡策略的相互关系，对逆推归纳法在不完美信息动态博弈的完美贝叶斯均衡分析中的应用会造成很大困难。

1.3.3.4 不完全信息博弈及贝叶斯纳什均衡

不完全信息博弈也就是贝叶斯博弈，其中的信息不完全性主要是各博弈方都有关于自己得益的完全信息，但至少有一个博弈方不完全清楚某些博弈方在某些

---

① 例如，象棋比赛中的博弈双方不可能一开始就使用逆推归纳法下棋，而且在博弈的某个阶段遇到两种无差异的行为时会出现多个子博弈完美纳什均衡。

情况下的得益，但是这种不具有完全信息的博弈方至少要知道其他博弈方得益分布的可能范围和分布概率的知识。

不完全信息与完全信息和不完美信息都有很紧密的内在联系，可以通过一定的方式进行统一。海萨尼转换实际上就是将不完全信息静态博弈转换为完全但不完美信息动态博弈的分析，而且完全信息静态博弈中的一个混合策略纳什均衡基本上可以被解释为一个有少量不完全信息的近似博弈的一个纯策略贝叶斯纳什均衡。

针对静态贝叶斯博弈，主要的均衡概念就是“贝叶斯纳什均衡”，理论上，允许采用混合策略情况下的贝叶斯纳什均衡总是存在的。比较规范的贝叶斯纳什均衡的定义为：在静态贝叶斯博弈 $G=\{A_1，\cdots，A_n；T_1，\cdots，T_n；p_1，\cdots，p_n；u_1，\cdots，u_n\}$ 中，博弈方 i 的一个策略，就是自己各种可能类型 t_i（$t_i \in T_i$）的一个函数 $S_i(t_i)$。$S_i(t_i)$设定对于“自然”可能为博弈方 i 抽取的各种类型 t_i，博弈方 i 将从自己的行为空间 A_i 中相应选择的行动 a_i。其实贝叶斯纳什均衡既是完全信息静态博弈纳什均衡概念在静态贝叶斯均衡中的扩展，也可看做完美贝叶斯均衡完全但不完美信息动态博弈中的特殊形式。

不完全信息动态博弈就是动态贝叶斯博弈，运用海萨尼转换可以将不完全信息动态博弈转换为完全但不完美信息动态博弈，因而完美贝叶斯均衡、合并均衡和分开均衡等概念和分析方法就可以派上用场了。

声明博弈是动态贝叶斯博弈中的一种特殊博弈，[①] 实际上也是信号博弈这种更一般意义上博弈的特殊类型。信号博弈（Signaling Game）是一类具有信息传递机制的动态贝叶斯博弈的总称，对信号博弈中的类型 t_i、信号 m_j 和行为 a_i 赋予不同的意义，就可以用信号博弈分析不同领域的问题。

1.3.3.5 重复博弈

重复博弈（Repeated Games）也是博弈论中重要的一类博弈。博弈方对于博弈会重复进行的认识导致他们的行为与一次性博弈有很大差异，因而当基本博弈重复进行时，不能简单地将其进行基本叠加，而是要将由基本博弈构成的各个阶段的博弈当成一个整体博弈过程加以研究。

在这种重复博弈中，根据重复次数分为有限次重复博弈和无限次重复博弈两

① 这种博弈主要研究在信息不对称的条件下，人们通过口头或书面声明传递信息的问题。

种类型。而且与基本博弈不同的是，重复博弈有时需要考虑得益的时间价值，也就是贴现系数。

对于有限次重复博弈，无纯策略纳什均衡的有限次重复博弈由于博弈方严格对立的利益关系导致博弈结果与一次性博弈无本质的区别，而对于原博弈有帕累托意义上的最佳组合的唯一纯策略纳什均衡，由于其符合所有博弈方利益，从而有限次重复博弈不会改变其行为方式。实际上，若原博弈有唯一的纯策略纳什均衡，则有限次重复博弈的唯一均衡就是各博弈方在每个重复博弈的阶段都采用原来的纳什均衡策略。无限次重复博弈对于原博弈无纳什均衡和只有一个具有帕累托意义上的纳什均衡的问题与有限次重复没有差异，但对于有一个纳什均衡而不是效率最高的策略组合的情况就有很大差异，如果具有潜在的合作利益，则当贴现系数较大、未来利益相当重要时，一定可以通过某种触发策略存在某种子博弈完美纳什均衡来实现这种利益，而且任何程度的合作效率都可以找到子博弈完美纳什均衡路径来实现。在实际生产生活中，决策者能够发现和采用高效率的子博弈完美纳什均衡能够极大地推进纳什均衡和效率的改善，因此，博弈论在现实中具有很高的应用价值。

1.3.3.6 演化博弈

演化博弈论是考虑博弈方有限理性的博弈理论。瑞典人乔根·W. 威布尔所著的《演化博弈论》是该领域的经典之作。按照乔根·W. 威布尔的理论，演化博弈论是“事先规定好”每个博弈方的行为，即博弈中的策略，并且假定，在行为的总体分布上进行着一种历时的演化选择过程。此外，作者在书中说明了演化过程中长期总体行为与非合作博弈理论中解的关系。复制动态方程体现了学习模仿的速度取决于模仿对象的数量和模仿对象的成功程度，复制动态和演化稳定策略ESS是演化博弈论中最重要的概念。

实际上有限理性条件下的演化博弈分析并不局限于一次性博弈结果或短期均衡等的预测，而是重点研究比较稳定的环境中大群体的长期稳定趋势。

在演化博弈论中，确定博弈方学习和策略调整的方式是博弈分析的关键。由于各博弈方策略调整的方式和学习速度有很大不同，因此需要用不同的机制模仿博弈方策略调整的过程。当博弈方的理性层次比较低，意识到错误并调整策略的能力较差，博弈的变化倾向于缓慢的进化而不是快速的学习时，复制动态就是演化博弈论中一种很好的模拟机制。之所以称为复制动态，是因为此微分动态方程与生物进化中描述特定性状个体频数变化自然选择过程的复制动态方程是一致的。在复制动态分析中，两人对称博弈和两人非对称博弈是两种重要的博弈类型。两人非对称博弈主要是在两人对称博弈的基础上，在各自的群体内部进行复制动态分析，表达式中涉及另一方的变化量当作系数变量进行分析，最后将两个群体进行整合，通过以两个比例为坐标的坐标平面图进行分析。

1.3.3.7 合作博弈

在日常生活及社会经济活动中，一个人（或集团）为了克服自身弱点（如力量或财力有限），寻求与他人（集团）合作，结成一个联盟，以完成单个人或集团所不能完成的事，这就是多人合作博弈。该联盟一旦形成，就作为一个整体共同采取行动，其目标是使联盟获得最大利益。一旦博弈完毕，可以根据某种事先商定的契约以及各个局中人本身的贡献大小，分配共同所得的利益。

联盟的数学定义是：设有 n 个局中人 $N=\{1, 2, \cdots, n\}$ 进行博弈，所谓一个联盟就是 N 的一个非空子集 S。为方便起见，有时称空集 Ø 也是一个联盟。n 个局中人共能形成 2^n 个联盟。

一旦联盟 S 形成，组成联盟 S 的局中人不再关心自己的特殊利益，而为整个联盟的最大利益去努力。因此，他们主要关心联盟 S 所能获得的最大值。所有联盟 S 所获得的最大值都确定以后，整个博弈就完全清楚。这样的博弈可以用特征函数加以描述：

给定 $N=\{1, 2, \cdots, n\}$，合作 n 人博弈记为 T［N，v］，N 上的特征函数 v 是定义在 2^N 上的实值函数，满足：

$$v(\varnothing)=0$$

$$v(S\cup T)\geqslant v(S)+v(T),\ S\cap T=\varnothing,\ S,\ T\subset N$$

对于一个联盟 S，v（S）的值可以通过下列方式获得：S 的局中人形成联盟，为使 S 获得最大利益而努力，这时最糟的情况是剩下的所有局中人 N–S 形成一个联盟和 S 抗衡，这样可看成是两个局中人 S 与 N–S 在进行非合作博弈，v(S) 就是在上述两人非合作博弈中 S 所获得的最大收入。

对于合作博弈，局中人之间可以相互协商，共同采取使全体都有利的策略，如果某些局中人对采取某些特定策略不满意，可以事先订立契约，等博弈完了以后再进行补偿，以便大家共同采取的策略使联盟总体的利益达到最大。因此，博弈完毕后，如何分配共同形成的总体联盟 N 所得的收入 v（N）就是合作博弈研究的主要任务。

v（S）的一种分配方案由 n 维向量 $X=\{x_1, x_2, \cdots, x_i\}$ 表示，其中，x_i 表示局中人 i 的所得。显然，对每一个局中人 i 来说，它至少期望得到的 x_i 满足：

$$x_i \geqslant v(i),\ i \in N$$

该式称为个体合理性条件。

还有一个必须满足的条件是：

$$\sum_{i=1}^{n} x_i = v(N)$$

该式称为群体合理性条件。

满足个体合理性和群体合理性的向量，就是一种可接受的分配方案。

当所有 n 个局中人均参与合作时，$N=\{1, 2, \cdots, n\}$ 为最大的一个联盟，记 v（N）为最大的联盟成果，应该如何将 v（N）分配给各局中人？一个很自然的方法就是依据各局中人给联盟带来的贡献来分配。

设 x_i 为第 i 个局中人从 v（N）中获得的分配，i=1，2，…，n，则有：

$$x_1 = v(\{1\})$$

$$x_2 = v(\{1, 2\}) - v(\{1\})$$

$$x_3 = v(\{1, 2, 3\}) - v(\{1, 2\})$$

$$\vdots$$

$$x_n = v(N) - v(N - \{n\})$$

然而，上述分配通常与局中人编号的次序有关，如把局中人 n，n-1，…，2，1 的编号改为 1′，2′，…，n′，则有新的分配方案：

$$x'_1 = v(\{n\})$$

$$x'_2 = v(\{n, n-1\}) - v(\{n\})$$

$$x'_3 = v(\{n, n-1, n-2\}) - v(\{n, n-1\})$$

$$\vdots$$

$$x'_n = v(N) - v(N - \{1\})$$

对于局中人其他编号的次序均有对应的分配方案，由于 n 个局中人编号的次序共有 n! 种，所以对应的分配方案也有 n! 种。为此，取各局中人分配的平均值作为局中人的平均贡献。

记 $\varphi_i(v)$ 为第 i 个局中人的平均贡献，则有：

$$\varphi_i(v)=\frac{1}{n!}\sum_{\pi}[v(S_\pi^i\cup\{i\})-v(S_\pi^i)],\ i=1,\ 2,\ \cdots,\ n$$

式中，π 为由 1，2，…，n 组成的所有 n 级排列，$\sum$ 为针对所有的 n！个不同 n 级排列求和，$S_\pi^i=\{j|\pi j<i\}$，显然 S_π^i 为排列 π 中排在 i 之前的那些局中人组成的联盟，将满足 $S_\pi^i=S$ 排列归为一类，则上式可以表示为：

$$\varphi_i(v)=\sum_{i\in S}\frac{(n-|S|)!(|S|-1)!}{n!}[v(S)-v(S-\{i\})],\ i=1,\ 2,\ \cdots,\ n$$

式中，S 为 N 中包含 {i} 的所有子集，|S| 为子集 S 中局中人的人数。可以证明：

$$\sum_{i=1}^{n}\varphi_i(v)=v(N)$$

上式表明，各局中人在联盟中的平均贡献 $\varphi_i(v)$ 之和等于联盟的总“成果”。

称 $\varphi(v)=(\varphi_1(v),\ \varphi_2(v),\cdots,\ \varphi_n(v))$ 为合作 n 人博弈的 Shapley 值。

在多人合作博弈中，利用 Shapley 值法解决分配问题是一种比较公正、合理且行之有效的方法。

然而，Shapley 解法存在着下述缺点：

（1）必须计算出各种联盟的收益情况。

（2）计算量太大，比如：①给定实例时，每种集中组合都要计算一次；②实例数据有变化时，还需重新计算。

1.4 本书的主要研究内容和创新点

1.4.1 本书的主要研究内容

本书利用博弈理论研究组织进行创新保护下的信息安全投资问题，为解决信息安全投资问题提供了新的思路。书中首先利用有限策略博弈分析了组织的信息安全投资决策问题，然后利用无限策略博弈分析了组织的信息安全投资的具体额度问题，并且考虑到现实社会中信息安全投资主体的有限理性问题，以及预测信息安全投资的长期稳定趋势的需要，利用演化博弈论研究了防守博弈和攻防博弈两种情况下信息安全投资的演化博弈。本书的主要研究内容及成果如下：

（1）利用有限策略博弈分析了组织信息安全投资的决策问题。根据得益矩阵建立信息安全投资决策博弈模型，该博弈模型全面考虑了信息安全投资所产生的价值效益，不仅包括预防信息安全事故产生的直接价值效益，也考虑了信息安全投资为组织带来的提升品牌价值、增加组织声誉等间接价值效益。对于两组织信息安全投资决策博弈模型进行纯策略和混合策略纳什均衡分析，均衡结果的对比显现出两种纳什均衡分析的一致性。并且，在信息安全投资成本较高时，通过引入惩罚变量可以重新实现理想的纳什均衡。算例简要说明了两组织信息安全投资的博弈分析。在建立的多组织信息安全投资决策博弈模型中，对影响成本阈值的因素进行详细讨论，提出多组织信息安全投资的两项命题，得出信息安全投资成本对于博弈均衡的影响规律，进一步寻找到促使组织“投资”信息安全成为均衡结果的必要条件，并通过仿真进行验证分析。

（2）利用无限策略博弈分析了组织信息安全的投资额度。信息安全投资不足无法保证足够的安全，而投资过多则会造成不必要的浪费，因而必须合理确定信息安全的具体投资额度。根据信息安全投资额度的策略依存性建立信息安全投资额度博弈模型，模型中关系参数的变化反映了两组织间博弈关系的变化。对于关系参数取值的不同情况，根据反应函数法进行博弈的均衡分析。对于攻防博弈关系，推导出防守方均衡成本与关系参数相关关系的命题，并通过仿真进行验证。算例简要说明了组织信息安全投资额度的博弈分析。

（3）利用演化博弈分析了博弈方有限理性下的信息安全投资。考虑到现实社会中信息安全投资主体的有限理性问题，以及预测信息安全投资的长期稳定趋势的需要，利用演化博弈论进行防守博弈与攻防博弈两种情况下信息安全投资的研究。在防守博弈下信息安全投资的演化博弈分析中，根据信息安全投资的演化博弈模型，通过复制动态分析防守博弈下信息安全投资演化博弈的进化稳定策略。并且，通过 Repast 的多 Agent 仿真平台进行演化博弈的仿真验证，实验结果验证了演化博弈的进化稳定策略。对于攻防博弈下信息安全投资的演化博弈问题，首先建立信息安全攻防的博弈模型，分析防守方和攻击方的复制动态及进化稳定策略，进而根据攻防两群体复制动态的关系，得出攻防对抗的规律和长期稳定趋势，既从原理上解释了信息安全攻防循环的问题，也从演化博弈的分析中得出了解决信息安全问题的策略建议。

1.4.2 本书的创新点

本书的创新如下：

（1）提出了基于创新保护的组织信息安全投资决策的有限策略博弈分析方法，为组织正确制定信息安全投资决策提供决策支持。

（2）提出了基于创新保护的组织信息安全投资额度的无限策略博弈分析方法，为组织合理确定信息安全投资的额度提供科学依据。

（3）提出了基于创新保护的防守博弈和攻防博弈两种情况下信息安全投资的演化博弈分析方法，预测了博弈方有限理性下信息安全投资的长期稳定趋势。

1.4.3 本书的结构安排

本书的结构安排如下：

第 1 章，绪论。介绍本书的研究背景，对国内外研究现状进行综述，提出研究问题，明确研究内容和研究框架。

第 2 章，创新保护与大企业竞争力。首先分析了知识经济时代的创新，在此基础上对创新过程和创新成果的保护进行了分析，其次对知识产权对创新保护的作用和利弊进行了介绍，对创新保护对大企业竞争力的提升作用给予了详细分析。

第 3 章，详细分析了信息安全投资对于创新保护的重要作用。首先具体分析了创新保护的方式，在此基础上，具体详细地分析了信息安全投资对于创新保护的重要作用，同时也为大企业竞争力的提升提供了重要保证。

第 4 章，创新保护中信息安全投资决策的博弈分析。根据得益矩阵建立信息安全投资决策博弈模型。对于两组织信息安全投资决策博弈模型进行纯策略和混合策略纳什均衡分析，均衡结果的对比显现出两种纳什均衡分析的一致性。特别地，在信息安全投资成本较高时，通过引入惩罚变量可以重新实现理想的纳什均衡。并且，通过算例简要说明两组织信息安全投资的博弈分析。在建立的多组织间信息安全投资决策博弈模型中，对影响成本阈值的因素进行详细讨论，提出多组织信息安全投资的两项命题，并通过仿真进行验证分析。

第 5 章，创新保护中信息安全投资额度的博弈分析。根据信息安全投资额度的策略依存性建立信息安全投资额度博弈模型，模型中关系参数的变化反映了两组织间博弈关系的变化，进而对于关系参数取值的不同情况，根据反应函数法进行博弈的均衡分析。特别地，对于攻防博弈关系，推导出防守方均衡成本与关系参数相关关系的命题，并进行仿真验证。通过算例简要说明了组织信息安全投资额度的博弈分析。

第6章，创新保护中防守博弈下信息安全投资的演化博弈分析。根据信息安全投资的演化博弈模型，通过复制动态分析防守博弈下信息安全投资演化博弈的进化稳定策略，并且通过Repast的多Agent仿真平台进行演化博弈的仿真验证，实验结果验证了演化博弈的进化稳定策略。

第7章，创新保护中攻防博弈下信息安全投资的演化博弈分析。建立信息安全攻防的博弈模型，分析防守方和攻击方的复制动态及进化稳定策略，进而根据攻防两群体复制动态的关系，得出攻防对抗的规律和长期稳定趋势，既从原理上解释了信息安全攻防循环的问题，也从演化博弈的分析中得出了解决信息安全问题的策略建议。

第8章，总结与展望。本章是对本书的研究进行总结，并对未来的研究做出展望。

参考文献

[1] 雷家骕，冯婉玲. 知识经济学导论 [M]. 北京：清华大学出版社，2001.

[2] 2007年全国信息网络安全状况与计算机病毒疫情调查报告 [R]. 公安部公共信息网络安全监察局，2007.

[3] http：//www.it.com.cn/f/market/0611/15/349357.htm.

[4] http：//fund.jrj.com.cn/news/2007-08-18/000002566820.html.

[5] 德勤. 2007年全球安全调查 [EB/OL]. http：//it.hexun.com/2007-09-28/100809807.html.

[6] Whitman，Michael E. Enemy at the Gate：Threats to Information Security. Communications of the ACM，2003，46 (8).

[7] Ross Anderson. Why Information Security is Hard-An Economic Perspective. Proceedings of 17th Annual Computer Security Applications Conference，IEEE Computer Society，2001.

[8] 王元卓，吕俊杰，邱菀华. 基于相互依赖性的信息安全投资博弈 [J]. 中国管理科学，2006 (3).

[9] 爱华. 2001年全球信息安全投资调查报告 [R]. 信息网络安全，2002 (3).

[10] 孙剑颖. 企业信息安全投资的经济学决策模型浅析[J]. 东北财经大学学报，2005 (3).

[11] Fudenberg D., Tirole J. Game Theory. USA: MIT Press, 1991.

[12] Aumann R. On the Centipede Game. Games and Economic Behavior, 1998, 23 (1).

[13] Aumann R. Backward Induction and Common Knowledge of Rationality. Games and Economic Behavior, 1995, 8 (1).

[14] Aumann R., Michael Maschler. Game Theoretic Analysis of A Bankruptcy Problem from the Taimud. Journal of Economic Theory, 1985, 36 (2).

[15] Aumann R. Rationality and Bounded Rationality. Games and Economic Behavior, 1997, 21 (1-2).

[16] Schelling T. Intergenerational Discounting. Energy Policy, 1995, 23 (4-5).

[17] Schelling T. Global Environmental Forces. Technological Forecasting and Social Change, 1990, 38 (3).

[18] 程凌. 罗伯特·奥曼和托马斯·谢林的贡献——2005 年诺贝尔经济学奖述评[J]. 经济评论, 2006, 27 (1).

[19] 朱小斌, 夏国风. 罗伯特·奥曼和托马斯·谢林对博弈论的贡献：对冲突与合作的分析[J]. 外国经济与管理, 2005, 27 (12).

[20] [美] 约翰·纳什. 纳什博弈论论文集 [M]. 张良桥, 王晓刚译. 北京：首都经济贸易大学出版社, 2000.

[21] Harsanyi J. A New Theory of Equilibrium Selection for Games with Complete Information. Games and Economic Behavior, 1995, 8 (1).

[22] Harsanyi J. A New Theory of Equilibrium Selection for Games with Incomplete Information. Games and Economic Behavior, 1995, 10 (2).

[23] Harsanyi J. Solutions for Some Bargaining Games under the Harsanyi-Selten Solution Theory, Part Ⅰ: Theoretical Preliminaries. Mathematical Social Sciences, 1982, 3 (2).

[24] Harsanyi J. Solutions for Some Bargaining Games under the Harsanyi-Selten Solution Theory, Part Ⅱ Analysis of Specific Bargaining Games. Mathematical Social Sciences, 1982, 3 (3).

[25] Selten R., Wooders M. Cyclic Games: An Introduction and Some Examples. Games and Economic Behavior, 2001, 34 (1).

[26] Selten R., Ockenfels A. An Experimental Solidarity Game. Journal of Economic Behavior & Organization, 1998, 34 (4).

[27] Selten R. Evolutionary Stability in Extensive Two-person Games. Mathematical Social Sciences, 1983, 5 (3).

[28] Ockenfels A., Selten R. Impulse Balance Equilibrium and Feedback infirst Price Auctions. Games and Economic Behavior, 2005, 51 (1).

［29］ Wooders M.， Cartwright E.， Selten R. Behavioral Conformity in Games with Many Players. Games and Economic Behavior，2006，57（2）.

［30］ Mirrlees J. Optimal Tax Theory：A Synthesis. Journal of Public Economics，1976，6（4）.

［31］ 谢识予. 经济博弈论 ［M］. 上海：复旦大学出版社，2004.

［32］ Hamilton S.， Miller W.， Ott A.， Saydjari S. The Role of Game Theory in Information Warfare. In 4th Information Survivability Workshop （ISW-2001/2002）， Vancouver，Canada，2002.

［33］ 冯·诺依曼，奥斯·摩根斯坦. 博弈论与经济行为 ［M］. 上海：上海三联书店，2004.

［34］ 海萨尼. 海萨尼博弈论论文集 ［M］. 郝朝艳，魏军锋，平新乔译. 北京：首都经济贸易大学出版社，2003.

［35］ 李永刚. 基于演化博弈分析的跨国国际战略联盟构建研究 ［D］. 天津大学博士学位论文，2006.

［36］ Nash J. Equilibrium Points in N-person games. Proceedings of the National Academy of Science of the United States of America，1950 （36）.

［37］ Nash J. Non-cooperative Games. Annals of Mathematics，1951 （54）.

［38］ Nash J. The Bargaining Problem. Econometrica，1950 （18）.

［39］ Nash J. Two Person Cooperative Games. Econometrica，1953 （18）.

［40］ 罗杰·迈尔森. 博弈论 ［M］. 北京：中国经济出版社，2001.

［41］ Shapley L. Contributions to the Theory of Games. Princeton：Princeton University Press，1953.

［42］ Selten R. Spieltheoretische Behandlung Eines Oligopolmodells Mit Nachfagetragheit. Xeitschrift Fur Die Gesamte Staatswissenschaft，1965 （12）.

［43］ Selten R. Re-examinnation of the Perfectness Concept for Equilibrium Points in Extensive Games. International Journal of Game，1975（4）.

［44］ Harsanyi J. Games with Incomplete Information played by Bayesian Players. Management Science，1967 （14）.

［45］ Harsanyi. Game with Randomly Disturbed Payoffs：A New Rationale for Mixed Strategy Equilibrium Points. International Journal of Game Theory，1973（2）.

［46］ 陈泰锋. 世界贸易体制的博弈论 ［D）. 对外经济贸易大学博士学位论文，2006.

［47］ 王文举. 博弈论应用与经济学发展 ［M］. 北京：首都经济贸易大学出版社，2003.

［48］ 泰勒尔. 产业组织理论 ［M］. 张维迎译. 北京：中国人民大学出版社，1997.

［49］ Smith M. The Theory of Games and the Evolution of Animal Conflicts. Journal of Theoretical Biology，1973 （47）.

［50］ Kreps D.， Wilson R. Reputation and Imperfect Information. Journal of Economic Theory，

1982 (27).

[51] 张贞智. 创业投资的博弈分析 [D]. 厦门大学博士学位论文，2005.

[52] Putnam R. Diplomacy and Domestic Politics: The Logic of Two-level Games. International Organization, 1988, 42 (4).

[53] Smith M. Evolution and the Theory of Game. England: Cambridge University Press, 1982.

[54] 罗素·W. 库珀. 协调博弈——互补性与宏观经济学 [M]. 张军，李池译. 北京：中国人民大学出版社，2001.

[55] 尚宇红. 博弈论前史研究 [D]. 西北大学博士学位论文，2003.

[56] 廖家平. 电力市场的博弈论研究及决策支持系统的实现 [D]. 华中科技大学博士学位论文，2006.

[57] 吴世勇. 基于博弈论的水电竞价策略研究 [D]. 四川大学博士学位论文，2006.

[58] 王若平. 银行监管行为的博弈研究 [D]. 厦门大学博士学位论文，2004.

[59] 王家辉. 中国证券市场监管的博弈研究 [D]. 厦门大学博士学位论文，2006.

第2章 Chapter Two

创新保护与大企业竞争力

2.1 知识经济时代的创新

在知识经济时代，日新月异的技术发展、瞬息万变的市场动态和竞争激烈的外部环境，无时无刻不在为企业提供着宝贵的机遇，但同时也给企业带来了严峻的挑战，适者生存，而生存的法则就是创新[1]。

创新已经成为当今激烈竞争的时代中企业获得竞争优势的最根本方法，是企业提高其经济管理水平和技术水平的关键措施。世界顶级咨询公司普华永道曾经对7个国家的399家企业进行了一项关于财务指标的分析和研究，结果表明，具有较高业绩增长的企业往往也具有较强创新性的特征。相反，业绩增长缓慢的企业，其创新性明显不足。随着知识在社会和企业中的日益渗透，传统的高生产效率、严格的质量品质和柔性生产远远不能保证其竞争优势，那些在过去曾为企业做出杰出贡献的管理方式和经营方法在当今社会已经显得力不从心，当大多数企业都具备这些管理思想和方法时，其对个别企业的效果和作用必然要逐步减弱，因而竞争优势不再从生产效率、产品质量、柔性生产等管理方法中得到简单的获取，企业必须寻找能够在现代社会中从根本上带给企业超过其他竞争企业的竞争优势。

综观近代企业管理的实践，管理的核心在悄然发生着变化。早在20世纪六七十年代，企业在市场中竞争的关键就是价格，哪家企业的产品价格具有竞争优势，在同等质量下具有更低的价格水平，哪家企业就有着超过其他竞争对手的根本优势，因而，对于这个时期的价格竞争，企业应对价格挑战的最根本方法就是千方百计地降低产品价格。进而，如何能够通过降低成本来提高生产效率是企业在价格制胜的市场环境中立于不败之地的法宝。在这种竞争模式下，各个企业纷纷立足于提高本企业的生产效率，通过降低生产成本和管理经营成本等各项降低成本的方法来着手提高企业的效率，力争实现在各企业中的优势地位。

在这种以价格为核心竞争要素的模式下，标准化生产和批量生产就成为了实现低价格水平的重要手段，通过标准化生产模式，所有生产的产品通过机器标准化的归一模式（在生产管理领域，这种生产方式称为大规模生产），实现了现代化的生产方式，大大提高了企业的生产效率。同时批量化的生产方式为企业创造了以产量降低成本的生产和管理方式，这种通过标准化生产和批量化运作的方式降低企业成本，进而降低企业产品价格的方式成为了企业的主要竞争方式。

在随后的十多年间，产品价格依然是企业在激烈的市场竞争中取胜的关键。然而，单纯的价格已不再能够给企业带来丰厚的回报，产品的质量问题已开始被顾客和市场所关注，虽然低价格依然具有竞争力，能够给消费者和企业带来成本的节约。可是，不计质量的价格并无意义，质量是企业交给消费者产品的最重要因素，产品质量的好坏直接关系到消费者对企业的信任，产品质量也是企业在其提供的产品中呈现的最重要特征，它是企业生产的产品的生命，也是消费者最终消费产品的核心。可以说，产品质量是产品所有特征中最本质、最关键的要素，因而，提高产品质量是企业获得消费者信任的最重要因素。为此，必须在提高企业生产效率的基础上进一步提高企业的产品质量。质量成为了企业发展经久不衰的关键，为了塑造这种质量型企业，全面质量管理等管理思想被逐步引入企业发展的实践中，用以全面控制企业的产品质量。至此，企业管理的重心由提高生产效率逐步转化为注重质量管理的阶段。

质量管理是指在质量方面指挥和控制组织协调的活动，通常包括制定质量方针和质量目标以及质量策划、质量控制、质量保证和质量改进。质量管理的发展大致经历了以下三个阶段。

（1）质量检验阶段。20 世纪前，产品质量主要依靠操作者本人的技艺水平和经验，属于“操作者的质量管理”。20 世纪初，以泰勒为代表的科学管理理论的产生，促使产品的质量检验从加工制造中分离出来，质量管理的职能由操作者转移给工长，是“工长的质量管理”。随着企业生产规模的扩大和产品复杂程度的提高，产品有了技术标准，公差制度也日趋完善，各种检验工具和检验技术也随之发展，大多数企业开始设置检验部门，有的直属于厂长领导，这时是“检验员的质量管理”。上述几种做法都属于事后检验的质量管理方式。

（2）统计质量控制阶段。1924 年，美国数理统计学家 W.A.休哈特提出控制和预防缺陷的概念。他运用数理统计的原理提出在生产过程中控制产品质量的“6σ”法，绘制出第一张控制图并建立了一套统计卡片。与此同时，美国贝尔研究所提出关于抽样检验的概念及其实施方案，成为运用数理统计理论解决质量问题的先驱，但当时并未被普遍接受。以数理统计理论为基础的统计质量控制的推广应用始于第二次世界大战。由于事后检验无法控制武器弹药的质量，美国国防部决定把数理统计法用于质量管理，并由标准协会制定有关数理统计方法应用于质量管理方面的规划，成立了专门委员会，并于 1941~1942 年先后公布了一批美国的质量管理标准。

（3）全面质量管理阶段。20 世纪 50 年代以来，随着生产力的迅速发展和科学技术的日新月异，人们对产品的质量从注重产品的一般性能发展为注重产品的耐用性、可靠性、安全性、维修性和经济性等。在生产技术和企业管理中要求运用系统的观点来研究质量问题。在管理理论上也有新的发展，突出重视人的因素，强调依靠企业全体人员的努力来保证质量。此外，还有“保护消费者利益”运动的兴起，使得企业之间的市场竞争越来越激烈。在这种情况下，美国 A.V.费根鲍姆于 60 年代初提出全面质量管理的概念。他认为，全面质量管理是“为了能够在最经济的水平上，考虑到在充分满足顾客要求的条件下进行生产和提供服务，并把企业各部门在研制质量、维持质量和提高质量方面的活动构成一体的一种有效体系”。

全面质量管理扩展到市场研究、设计、生产和服务，把研制质量、生产质量和提高质量的活动构成一体的有效体系。另外，全面质量管理广泛采用了各种统计的方法和工具，如 QC 七工具，标志着质量管理进入了一个新的阶段，成为一种新的科学化管理技术。虽然全面质量管理起源于美国，但发展和兴盛于日本，并逐步被世界许多国家所接受。

进入 20 世纪 90 年代以后，企业的管理重点也在不断发生着微妙的变化，传统的降低成本和关注质量的策略依然为企业所重视。而与此同时，单是提高生产效率和产品质量已经不能保证企业在瞬息万变的市场中掌握主动权。此时的市场与以往相比已经有了很大的变化，企业所赖以生存的市场环境不再像过去那样变化缓慢，能够允许企业有足够的反应时间，这个时期的市场变幻莫测，随着消费者需求的不断更新，企业生产的产品在一个时间段也许是为市场所认可的，但过一段时间，市场很快就会转型，对这种产品的需求不再旺盛，如果一味地投入到这种先前受欢迎的产品的生产，而没有考虑到市场的变化，则变化多端的市场很快就会将该企业淘汰。因此，企业若想在变化迅猛的市场环境中取胜，必须调整自己的生产战略，使得自己的生产能够随着市场的变化而变化。可见，市场的变化比以往任何时候都要灵敏而多变，在这种变化多端的市场环境中，能够取胜的企业就必须能够对这种激烈变化的市场做出极其快速的反应，企业的灵活性和对市场变化的反应速度渐渐成为企业站稳市场的利器。

为了对瞬息万变的市场能够有最快捷的反应，企业一方面需要进行柔性生产，增加企业的灵活性，满足市场的需要；另一方面也需要通过 JIT 等生产方式提高对市场的响应速度。在这种情况下，企业能够在市场有任何变化的情况下，迅速改变自己生产的产品，增加自己的品种，极大地提高自己的反应能力，而这种快速的反应能力正是企业在迅速变化的市场中取胜的关键。

进入 21 世纪以来，传统的效率至上、质量第一、柔性生产和灵活响应依然是企业在市场中获取竞争优势的必要条件，缺一不可，这些因素的整合是成功企业必然具备的基本条件。然而，在现代社会中，消费者需求、市场需求、下游企业的需求等不仅是迅速变化的，而且出现了企业通过创新引导需求的新趋势。企业通过在自己的管理经营、营销运营、产品类型、服务策略等方面的创新，能够最大限度地突出企业的特质，使得企业在竞争中脱颖而出，成为市场的弄潮儿。

可见，创新型企业是企业在当今变幻莫测的市场环境中取胜的充分条件。创新性彰显了企业与其他竞争对手的不同之处，是企业区别于其他企业的重要特征，正是这种创新性的特征，保证了企业能够提供其他竞争对手所不能模仿的竞争优势，是企业获取顾客和赢得市场认同的最重要特质，因此，当今企业无不把创新性作为企业的独特竞争优势，力争使自己的产品和服务具有更大的差别性，以此突出自己的与众不同，使自己的企业立于不败之地。为此，很多企业正着力推行全面创新管理理念，力争将自己的企业打造成为创新型企业，通过创新不断提高企业对于市场的适应能力，同时也在一定程度上引领市场的发展，引导消费者和下游企业的需求，开创自己的竞争优势，以此赢得在当今社会立于不败之地的王牌。

恩格斯认为，一个民族若想站在世界的高峰，就一刻也离不开思维，由此可见思维对于人类发展的重要作用。实际上，思维具有很多种表现形式，不同的思维具有不同的价值，而创造性思维是其中最重要的一种形式，它对于人类发展、社会进步、企业成功等都具有无法替代的重要作用。随着社会的进步和发展，企业竞争的焦点日益转向这种原始性创新思维的竞争，企业必须对这种原始创造性思维予以足够的关注才能够在现代社会取胜。企业各项创新管理都与创造性思维有着或远或近的关系，这种独一无二的创造性思维是企业击败其他竞争对手的关键要素。

创新理论最早是由美籍奥地利经济学家约瑟夫·熊彼特在其代表作《经济发展理论》一书中提出来的。熊彼特认为，创新是建立一种新的生产函数，把一种从未有过的关于生产要素和生产条件的“新组合”引入生产体系，从而获得“企业家利润”。具体包括五种情况：一是采用一种新产品（产品创新），或者是某种产品的一种新特征；二是采用新的生产方法（工艺创新）；三是开辟出新的市场（市场创新）；四是控制原材料的供应来源；五是实行新的组织形式（管理创新）。因此，熊彼特所指的创新的内涵包括多方面的创新。

我国对创新问题的关注源于1973年的《国外经济学动态》，随后厉以宁和张培刚等又在《国外经济学讲座》中对创新理论的最新发展进行了详细介绍。20世纪80年代中后期，国内的研究领域才逐步关注国外有关创新理论研究的最新进展，同时根据我国的经济发展现状进行创新的本土化研究，技术创新、管理创新、自主创新等各种创新问题被细化研究，并对创新所涉及的其他问题进行相关研究。

我国从国家角度在战略层面上提出了建设中国特色国家创新体系。2006年，胡锦涛在全国科技大会上宣布中国未来15年科技发展的目标是在2020年建成创新型国家，使科技发展成为经济社会发展的有力支撑。[①] 可见，无论从学术角度还是从国家角度，创新的重要性都已提升到前所未有的高度。

---

① 详见《国家中长期科学和技术发展规划纲要（2006~2020年）》。

2.2 创新过程与创新成果的保护

学者们对于创新的研究有一个逐步发展的渐进过程。可以说，创新理论的发展大致经历了古典理论阶段、新古典理论阶段、近代创新理论阶段和现代创新理论阶段。现代的创新理论具有较高的复杂性，创新过程也可以说是复杂的系统过程，五代创新过程模型是学术界较为传统的划分方法。

第一代模型即技术推动模型[2]，这是20世纪五六十年代的简单线性模型。该模型起始于基础或应用的研发环节，把创新过程视为发生在离散步骤中的一系列过程，然后这个基础或应用的研发活动经过生产销售环节，最后实现商业化。这个技术推动模型的特征就是特别关注研发阶段，①这符合当时创新活动的确是研发活动的重要环节这一命题，进而将研发环节产生的重要创新应用于新的领域，并满足市场需求。

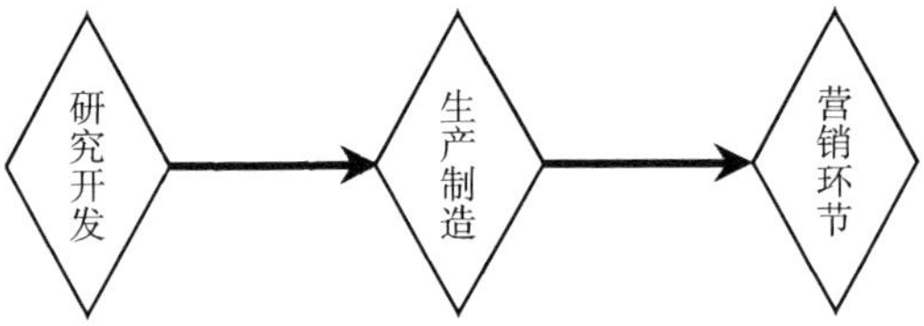

图 2.1 技术推动模型[2]

第二代模型是需求拉动模型，这个模型主要盛行于20世纪六七十年代。该模型强调研发构思的主要来源就是市场需求，而研发的目的也是满足市场需求。从本质来说，该模型依然是线性创新模型，但与技术推动模型明显不同的是，需求拉动模型突出了市场和市场调查在确定客户需求方面的重要作用。

第三代模型就是交互作用模型，强调交互的创新过程是由一系列复杂的交流过程和内外部联系的阶段所组成。技术推动模型和需求拉动模型虽然关注创新的线性过程，但正是这种过程忽视了创新的反馈和交互过程，于是对于创新上游环

① 这个技术推动模型对于研发产品向新产品、新工艺、新服务的转化却并不关注。

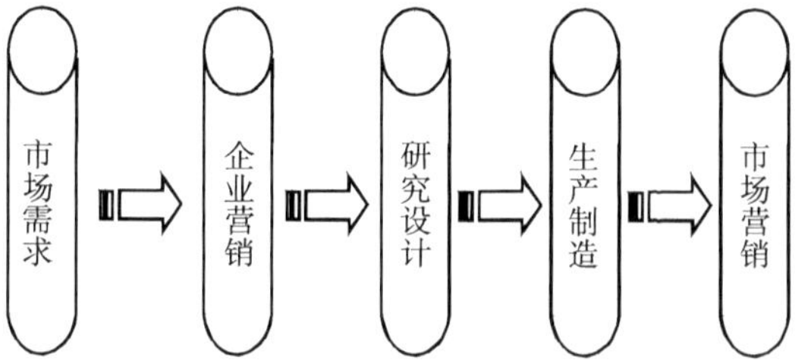

图 2.2　需求拉动模型[2]

节和下游环节的反馈，以及创新过程中组织内部和组织之间在科学、技术和创新的交互作用方面亟待改善。交互作用模型强调了科技和市场的相互作用以及耦合对于创新的重要作用，与前两代模型相比，这个模型最大的改进在于将线性模型改为交互反馈的新模式。

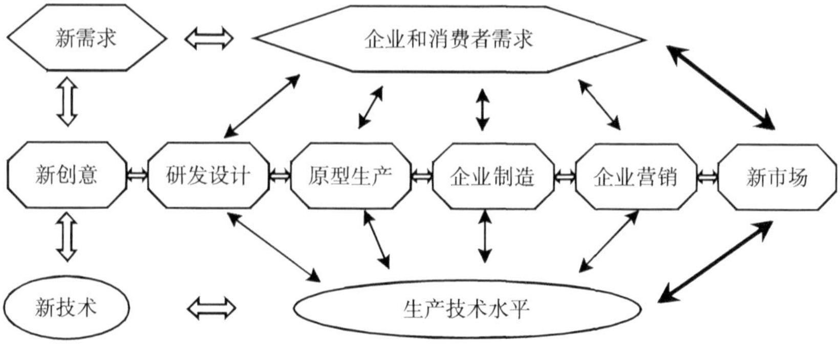

图 2.3　交互作用创新过程模型[2]

第四代模型为集成创新模型，这个模型重点强调企业与各部门在创新活动中的高度合作，突出企业与大学、客户、供应商、政府部门等外部组织间的联系和整合，创新过程是企业高度的跨部门合作。企业的研究开发、生产活动、营销活动等各种行为都是并行交叉发生的，通过这种集成创新模型可以大大缩短技术创新周期，比前三代模型在过程上又有了很大改进。

第五代模型则为系统整合和网络模型，这种模型是近年来最新的模型趋势，基于对当时企业联盟、研发合作等现象，该模型突出了组织内部及组织之间的整合，形成了相互关联的网络过程。特别地，系统整合和网络模型认为复杂的计算机技术从很大程度上提高了新产品开发在整个创新网络中的速度和效率。此外，该模型强调和供应商以及客户之间的垂直关系、与竞争者之间的合作，以及电子技术的大量使用，因而大大超越了第四代的集成创新模型。①

图 2.4　集成创新模型[2]

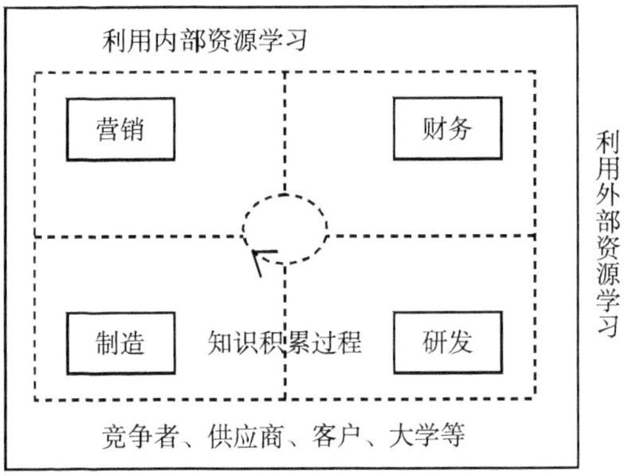

图 2.5　系统整合和网络模型[2]

在以上五代创新过程模型的基础上，最新产生了第六代创新过程模型，即基于学习和知识的创新过程模型。这种基于学习和知识的创新过程模型更为关注整个创新过程中的集体学习，认为企业的学习能力能够形成企业的竞争优势。它提出企业的内部知识形成企业的智力资本，不同的知识来源通过社会资本又联系起来，并且这个创新过程还需要一些特定的能动条件。因而，这种基于学习和知识的创新过程模型把主要的注意力放在了隐性知识和社会资本上。

① 另外，重要的创新过程模型还包括创新过程的链环模型、交互作用创新过程模型、系统化创新过程模型、狄德曼创新共生模型等。

表 2.1 基于学习和知识的创新过程模型的战略和能动因素

潜在战略因素	基本能动因素
时空浓缩	柔性结构及资源流动性
无形资产	内外部知识分享机制
连接作用	高层管理
利益相关者	语言文化
战略整合	中介机构
隐性知识	隐性知识开发

现代创新过程具有多种典型特性，呈现出复杂的特点，概括起来，大致有以下几个重要特征：

（1）创新过程逐步转化为系统创新。以往的创新往往只注重其中的一个重要创新元素，例如企业产品和服务的一部分创新，而创新的焦点也更多地集中于技术创新的单一层面，现代的创新过程不再以这种单一的创新层面为主，而是强调创新过程的系统性，因为企业生产和管理等要素的创新不会是企业某一方面的单一改变，必然会伴随其他要素的相应变化，这种系统的变化能够适应新的组合，满足企业的创新需求，这样才会最大限度地实现创新的商业价值，即使单一技术创新的实施也必然要通过管理方式和管理方法的配合改变才能够实现创新的价值。

（2）创新过程的范围由企业内部转变为企业的内外部。传统的创新主要源自企业的内部，即封闭式的创新。随着社会合作的逐步发展，封闭式创新逐步引入了合作创新，在研发等阶段加入了合作的要素，合作双方相互融合，定成单个企业在创新过程中无法单独完成的活动，以适应现代产品的复杂性和外部环境的不确定性，因而，创新过程逐步由单一企业演变为合并的多个企业，通过合作创新发挥各自的优势，形成优势互补的良好共赢态势，合作进行创新活动。进一步，在合作创新基础之上，又过渡为开放式创新过程，即不仅仅是研究开发过程的合作，而且是创新全过程的开放，这种开放式的创新过程强调综合利用企业内部和外部的各种资源，并通过适当的模式加以转化，将整个创新过程的空间扩展为整个企业所处的内外部空间。

（3）创新过程由线性过程转变为网络过程。在早期的创新活动中，更多的是强调创新过程的线性推进，[①] 各个阶段依次进行，按照线性的方式进行发展。随着

① 整个创新过程按照创新思想、研究开发、试验研究、正式生产、销售推广的线性过程一步步推进。

创新过程的不断推进，现代的创新过程已经逐步演变为网络过程，即没有固定的顺序，按照创新活动的需要随时进行调整，这种由线性到网络的改变，大大提高了整个创新活动的效率，同时降低了企业创新的风险，并减少了企业创新活动的总成本。此外，从创新活动的企业数量来看，也逐步由孤立的、单个企业创新转变为虚拟的、网络化的企业创新，典型的网络化创新企业如科技园、创新集群、区域创新系统等。在企业创新的合作伙伴选择的问题上，也不仅局限于供应商、顾客或者下游厂商，其他与该企业相关的利益相关者，例如政府、科研院所、技术组织甚至竞争对手等都可以加入网络创新的组织，如此众多的企业形成一个虚拟的创新网络，对技术资源进行共享，同时对创新成果进行分享，这样，整个创新活动不仅使单个企业获得创新利益，而且整个网络创新系统内的合作者都会享受到创新带来的各种益处。

（4）创新过程的空间范围由地理邻近的创新改变为信息网络下的全球创新。在信息技术迅猛发展的今天，创新过程的空间范围也不再局限于地理位置的邻近约束，在地理位置相对较远的两个国家的不同企业甚至可以借助于信息技术手段实现创新合作，使得创新过程更多地融入先进科技，加速技术创新的过程，提高技术创新的效率。

无论何种方式的创新过程，最后都会产生重要的创新成果，创新成果是企业所有创新活动最重要的结果，也是未来在企业内部或企业之间进一步推广传播的载体。在信息化的知识经济时代，创新成果的记录和保存载体主要依赖电子文件的数字化形式，而电子文件的数字化形式面临着重要的安全问题，因此，创新成果的保护问题迫在眉睫。

2.3 创新保护与知识产权

在我国的大多数企业中，研发等技术创新问题虽然受到了越来越多的重视，但对于创新成果的管理和保护却缺乏相应的重视，很多企业因为保护不当而损失惨重。

实际上，创新及其成果是知识产权的核心和基础[3]。从逻辑关系上看，是先有知识创新及其成果，才有知识产权及其保护。套用一句哲学术语：创新犹如“经济基础”，知识产权好比“上层建筑”；创新犹如“生产力”，知识产权好比“生产关系”。一方面，在创新与知识产权的关系中，前者是核心和基础；另一方面，知识产权对创新成果的保护，归根结底是为了促进创新的发展，因而，在两者的关系中，创新是起点也是终点。有关论著中常说人类历史上第一个专利系统起源于15世纪的威尼斯，就是因为当时的威尼斯政府为促进新技术的发展，保护其先进的工商业，决定授予技术发明人一种垄断经营权。给发明人雅各布斯的授权即为一例：“因雅各布斯的相关想法和勤劳，雅各布斯成为扬水机的第一个发明人和制作者。威尼斯政府特颁此垄断权给雅各布斯。此垄断权在雅各布斯有生之年终生有效。任何人士在威尼斯境内未经许可擅自制造此扬水机罚款一千金币，其所非法制作的扬水机将被彻底摧毁。”在这里，“扬水机”就是“创新”成果，威尼斯政府特颁此垄断权就是“知识产权”。“创新—知识产权”的这种关系在我国的现实意义在于，对于创新、知识产权都亟待发展的我国，更要关注创新，因为它是“创新—知识产权”这一矛盾的主要方面。

同时，创新及其成果丰富和扩展了知识产权的内容和形式[3]。例如，由于半导体集成电路的发展，在这一领域最发达的美国首先产生了有关保护半导体集成电路布图设计的法律规定；由于生物技术的进步，产生了微生物、基因序列、转基因动植物品种和基因资源的法律保护规定。此处，还有计算机程序的保护、复制设备的保护等[4]。早在1980年，美国就用版权法来保护计算机程序。关于如何对高技术产品实施法律保护，法律界有所谓“边缘保护法”和“信息产权法”。前者主张将部分工业产权法（即商标权法和专利权法的总称）的规则与版权法的若干规则结合起来，用于保护高技术产品的知识产权；后者主张根据高技术产品的特点制定保护新法，美国的“半导体芯片保护法”就是一例[5]。再如，由于技术的系统集成已经成为今天创新一种新的重要的形式，其结果之一就是，相关专利技术集成的技术标准应运而生。而技术标准在今天的国际贸易、经济和科技活动中的作用与日俱增。在讨论“技术标准”时要切记，正是“技术的系统集成”这一创新的新形式催生了它。可以预见，随着科技进步的日新月异，还会有新的知识产权形式应运而生。

因此，在创新保护的所有机制中，以往人们将目光更多地放在了知识产权的保护作用上，主要通过法律手段加以保护。

知识产权保护创新成果及其权利者的权益对不利后果进行防范与规制[3]。大多数创新成果具有“难开发易复制”的特点，例如一张正版软件几百块，而盗版仅需几块钱就可以买到。在市场经济条件下，如果对创新成果不进行保护，不赋予其财产权，这些成果一旦被研发出来，其他人就可以低成本甚至无成本地获得，从而造就了一大批“搭便车者”。创新主体在投入大量的资金和劳动并承担了创新的不确定性等各种风险之后，并没有达到其预想的收益，就会严重挫伤其进行再创新的内在动力。据美国研究机构调查统计，如果没有专利保护，60%的药品发明和38%的化学发明都不会出现。

相反，如果国家对创新成果赋予创新主体（如企业）以一定时期的垄断权，这样创新主体就可以通过成果的商业化、许可等方式获得合理的回报，从而对再创新给予资金支持，这样就进入了创新的良性循环。

知识产权保护贯穿创新的全过程：技术开发的前期准备和具体实施离不开知识产权保护，技术创新成果的转化或者产业化离不开知识产权保护，引进技术人才、实施技术转移以及营造良好的投资环境也需要知识产权保护。所以如果没有知识产权保护，公民个人、企事业单位或者科研院所的创造热情就会受到遏制，投资和技术引进也会受到影响，从而直接或者间接地损害国家利益、社会利益和个人利益。

同时，知识产权保护激励创新[3,6]。激励企业、机构和个人创新，以此提升竞争优势，推动国际合作，增进外企投资知识产权的获得、保护和管理会大大提升企业、产业乃至国家的竞争力，形成竞争优势。而这种优势又会增进合作，包括国内企业之间的合作、产学研的合作、与国外企业的合作，当然也有利于外企投资，从而最终有利于自身发展。知识产权是创新的基础和衡量指标，也是市场竞争的重要手段。从某种意义上说，知识产权制度能够从根本上调动科技人员从事发明创造的积极性，成为技术创新的有效激励机制。知识产权保护意味着技术创新成果进入市场后，禁止假冒产品与之竞争，意味着可以通过法律机制威慑各种违法犯罪行为，以保障他们的投入可以通过应用、实施或者产业化得到回报。这样，创新者才有可能进一步提高质量、改进服务，并将更多的时间和资源投向新的技术研发，从而形成良性循环。此外，知识产权保护还激励了技术创新成果产业化，推动形成了一批以专利技术为支柱的新兴产业。

例如，当年苹果公司初创时，投资商马克库拉就是看中了他们的专利技术而决定投资9万美元，获得了苹果公司30%的股份[7]。特别是知识产权制度中各种制度的激励作用会促进技术和经济的发展。例如，专利制度能够激励新技术发明、为技术转让创造条件、为产业应用技术培育环境和为外资流入提供知识产权保障，等等。

实质上，知识产权是一种无形财产权，是从事智力创造性活动取得成果之后所依法享有的权利，是按照各国法律赋予符合条件的著作者、发明者或成果拥有者在一定期限内享有的独占权利，一般来说包括版权和工业产权。版权主要是著作权人对其作品享有的署名、发表、使用及许可他人使用和获得报酬等的权利，而工业产权则是包括发明专利、实用新型专利、外观设计专利、商标、服务标记、厂商名称、货源名称或原产地名称等的独占权利。而关于知识产权的具体内涵，实际上有很多的变化和演变。以下是关于知识产权认知的逐步演变过程。

表2.2 知识产权认知内涵的演化

时间变化	内涵演进
1967年，世界知识产权组织	著作权及著作邻接权
1994年，与贸易有关的知识产权协议	公平交易权、营业秘密权、集成电路布图设计专有权
20世纪90年代初期	网域名称、其他

传统上，知识产权的审批与保护是采用属地主义原则的，换句话说，就是按照各个国家和地区的规定，在该国或地区管辖权以内的领域取得知识产权的权利。然而，人类社会中以商品和服务为标的的贸易活动越来越体现出国际化的趋势，① 因而，世界各国已经逐步意识到知识产权国际公约的重要作用，以此通过法律手段有效保护人类智慧的结晶。为了实现知识产权在各国的国际调和化和地区调和化，国际上目前主要有五个有关国际知识产权的公约：

一是《国际专利合作条约》（*Patent Cooperation Treaty*）。此条约规定，缔约成员的申请人可以提出国际专利申请案，国际检索单位会在三个月之内完成专利检索并将检索报告提供给申请人。按照检索报告的内容，申请人决定是否进行专利说明书的修正，以使得专利说明书符合揭露要件及确保专利范围符合新颖性、进步性、实用性的专利实体要件。在提出修正以后，可向国际预审单位请求预审。

① 如果各个国家对于与贸易标的有关的知识产权差异太大，必然会在国际贸易活动中产生诸多不便，阻碍国际贸易的顺利发展。

这套制度不但可以让申请人省去面对各国复杂的申请过程，而且能够为申请人节省更多的时间和精力。

二是《欧洲专利公约》（*European Patent Convention*）。按照该公约，任何申请人都可以向欧洲专利局提出一件欧洲专利申请案，主张取得该公约局部或所有缔约成员的国家专利。当欧洲专利申请案被顺利核准时，申请人需要将专利说明书翻译成欲取得专利权的缔约成员的官方语言和汉字，在此基础上，才能取得各缔约成员的国家专利权，而对于专利侵权诉讼则必须适用各缔约成员的相关国内法律。

三是《马德里协议》（*Madrid Convention*）。该协议是一个多边协议条约，协议宗旨在于缔约成员之间建立商标国际注册的体系，[①] 后来《马德里协议有关议定书》的签署，加上《马德里协议》，两套体系协调运转，并在进一步的《马德里协议和马德里协议有关议定书共同施行细则》的配合下，形成了新的国际商标注册体系。按照该体系的规定，商标申请人不必将其物品商标或服务商标分别向不同的国家提出申请，只需使用一种语言、缴纳一笔申请费用、向特定的国际局提出一件国际商标申请案，在国际局核准注册时，只要那些被指定的缔约成员的商标主管机关没有提出异议，该国际商标申请案就会自动在各缔约成员方完成注册，国际商标专有权的效力和国家商标专有权的效力一致。

四是《商标法条约》（*Trademark Law Treaty*）。该条约的主要目的是制定统一的国际标准，以简化和调和商标申请和保护的行政程序，使得商标注册体系更加有利于申请人，以促进缔约成员之间商标权的相互保护，进而降低寻求品牌保护的经济主体的交易成本。后来又加入了《关于商标法的新加坡条约》，其目的是进一步促进国际贸易，将商标权的客体扩增到以气味和声音为基础的商标，同时，也允许商标申请人以电子方式提出申请。如遇更新问题，则可以通过缔约成员大会进行专门处理。虽然这个条约只有三十多个成员共同缔约，但对于国际知识产权保护具有一定的影响作用。

五是《专利法条约》（*Patent Law Treaty*）。该条约的成立是基于统一各国和地区专利局的形式要件，并简化取得和维持专利的程序问题。条约总共有 27 条，

---

① 虽然该协议早于 1891 年生效，但由于协议中一直有一些缺憾，许多发达国家都未成为缔约成员，从而没有达到预期的效果。

主要规定了有关申请日的确定、专利申请所需表格、文件的形式、语言及送达地址、公告方式、期限及补正等重要内容。由这些内容可知，该条约主要规范了专利申请和程序，但对于授权标准、专利效力和权利限制等重要内容并未做出详细规定。

创新成果是在企业创新活动中，利用科学技术知识、企业内外部信息和经验做出的有关产品、管理、材料等的各种成果，例如论文成果、科学发现、技术进步、发明和专利等。

知识产权涉及人类一切智力创造的成果，一般只在有限时间内有效。这种对智力成果的保护起源于100多年前，为保护发明创新起到了很大的作用。但随着信息化时代的到来，创新成果更多地表现为电子文档的数字化形式，一方面对知识产权保护提出了更严峻的挑战，另一方面也亟待从技术方面实现创新成果的安全保护。

2.4 创新保护对大企业竞争力的提升作用

美国《产业竞争力总统委员会报告》认为，企业竞争力是指在自由良好的市场环境中，企业能够在国际市场上提供好的产品和服务，并且提高本国人民生活水平的能力。国外著名学者海默认为，从短期来看，企业产品的质量和性能决定了企业竞争力；而从长期来看，企业的核心能力是决定企业竞争力的重要因素。潘罗斯则认为，企业竞争力的深层原因是企业所拥有的知识水平，知识是企业最长期和最本质的竞争源泉。著名学者迈克尔·波特提出了影响企业竞争力的六大要素，即生产要素、市场需求、辅助产业发展水平、企业策略结构与竞争对手、机遇要素和政府要素。

大企业是一个国家参与国际竞争的重要坚实基础，大企业的发展与潜力是国家经济的重要支柱。在当今经济全球化和信息化的激烈竞争中，世界各国都在大力推进大企业战略，力求为本国的经济增长寻找到大功率的引擎。大企业通过产业创新、产业集聚和产业扩散等，不仅能够有效提升地区的产业结构升级，而且也极大地促进了地区产业集群的形成和发展。

大型企业的基本特性又可以分为两个方面：一方面是大型企业的优势所在，另一方面是大型企业的劣势所在。大型企业的优势包括[8]：

（1）研发能力强。首先，大型企业有能力设置专门的技术研究所来为本企业提供技术支持。这些技术研究所大都拥有完备的基础设施和先进的研究手段。其次，大型企业科研机构在进行应用性技术开发的同时，还有能力进行必要的基础性、先导性研究。这些技术研究所不仅是企业的中央技术机构，而且是企业的产品开发机构。最后，大型企业中这些研究所的科研任务紧密结合企业生产实际需要，并且在科研过程中与企业其他部门紧密结合。这些研究所一方面致力于对未来新技术的获取和消化吸收（基础研究），另一方面积极与各事业部门合作进行共同开发（应用研究）。

（2）管理水平高。大型企业一般都具有较为完善、科学合理的组织结构和制度。在大型企业的发展史上，组织结构经历直线制、直线职能制、事业部制、超事业部制等组织形式。时至今天，大型企业一般都采用了较为完善和合理的组织结构，因而具有较高的管理水平。20 世纪 90 年代，西方大公司如波音公司、通用电气公司又掀起了企业流程再造热，这些都是大型企业的管理水平向着更高、更合理的方向发展的表现。

（3）资金实力强。在大型企业的发展过程中，企业规模的扩大必然伴随着资金的积累。企业的规模扩大离不开扩大再生产，离不开兼并收购，离不开产品市场的开发。但所有这些都离不开资金的支持。没有一定的资金积累，企业就无法实现规模扩大，即使企业强行扩大规模，也有可能使企业发展面临危机。因此能够稳健地发展到今天的大型企业一般都具有较强的资金实力。

（4）市场拓展能力强。大型企业一般都具有较强的市场拓展能力。由于规模大、组织全面，大型企业拥有专门且完善的营销队伍来进行产品的营销。有资金实力来构建较为完善的营销服务网络，并且有能力投入较高的营销费用，从而拥有较强的市场拓展能力，并获取较高的市场份额。

（5）跨国经营能力较强。大型企业通常都具有跨国业务，其跨国能力较强。这是由大型企业内部和外部两种环境要素所决定的。首先，由于生产规模较大，大型企业内在动因存在着向外扩展市场的要求。当国内市场趋近饱和时，向国际市场扩展就会变成大型企业的优先选择策略。其次，当今时代的经济正在逐步趋向全球化，国外的企业纷纷进入我国，抢占国内市场，使市场竞争变得异常激烈。因此，国内的大型企业为了适应经济全球化的趋势，在激烈的市场竞争中站稳脚跟，就必然要向国外拓展市场，以使自己在全球竞争中能够具有更大的市场空间和更强的竞争力。

（6）人力资源充足。大型企业一般都具有较为充足的人力资源，拥有较为专业的培训队伍，因而可以拥有较高素质的人员。大型企业拥有较大的生产规模，这就必然存在着较高的人力资源需求，从而实现大型企业各部门正常的生产运作。大型企业内可能有较高的专业化分工，因此可以拥有较为专业的人员培训队伍，并且在人员招聘时可以有较高的要求。

（7）技术装备先进。大型企业由于经营规模大，面对的市场规模也较大，要想追求较高的市场占有率，就必须具备先进的技术装备，以此做到大规模、标准化、高效率、低成本生产其产品。而且，大型企业的获利能力较强，可以通过持续的投资进行本企业的技术改造和装备更新。所以，追求技术装备的先进性是大型企业的重要选择目标之一。

（8）社会影响力和社会信誉高。在现代社会，由于其规模的原因，大型企业的社会影响力和社会信誉一般都较高。这是因为在有监管和惩罚的前提下，大型企业丧失社会信誉所带来的机会成本是很高的。这种机会成本可能是在丧失信誉被发现或识别后受到的政府监管、法律惩罚以及在以后的市场交易中其他企业的报复等经济损失，也有可能是受到的道德谴责、社会责备和名声败坏等精神负效用。由于具有较高的社会影响力，与中小型企业相比，大型企业的这一机会成本更高。

（9）具有较高的品牌知名度。大型企业的产生往往有一个发展过程。在发展的过程中，大型企业会逐步建立起自己的品牌。实施品牌战略，争创知名品牌是大型企业参与竞争的必要手段。在现代市场经济条件下，品牌是企业的法宝，能否在竞争激烈的市场里取得不断的发展，有没有叫得响的名牌至关重要。我国大型企业已经把具有鲜明个性的商标作为开拓市场、扩张企业的重要法宝，在经济全球化和信息化迅猛发展、世界统一大市场的趋势愈加明显的今天，品牌不再是纯粹的标识，而是市场竞争力的核心体现。实施名牌战略已成为提高企业竞争力的必然选择，日益受到大型企业的关注和重视。

（10）抵御风险的能力较强。信息时代企业环境的复杂性比以前高得多。比如企业在经营中要面临各种各样来自各方面的风险，例如技术创新的风险、市场开发的风险、经营资金不足的风险等。面对着如此多的风险因素，中小型企业往往难以承受，而大型企业则可以以整体优势承担或分散。尤其是大型企业拥有较强的整体实力，因此有能力承受技术风险、市场风险以及资金风险等因素的影响。

（11）企业的存续时间较长。首先，大型企业抵御风险的能力较强。在面对各种风险时，大型企业可能抵抗得住，从而在激烈的竞争环境中生存发展。因此，从这个角度来看，大型企业的存续时间可能较长。其次，大型企业有较强的能力进行技术研发和产品开发。在现代市场经济环境中，不断研发和创新是企业在激烈的竞争中站稳脚跟，并进一步发展和壮大的必备条件之一。在变幻莫测的经济环境中，大型企业拥有较强的研发和创新能力，使得大型企业得以生存和发展下去。再次，大型企业拥有较强的市场拓展能力。市场拓展能力是企业得以生存的必备条件之一，失去了市场，就谈不到企业的生存和发展。现代市场经济中，市场需求时刻都在发生着变化，拥有较强的市场拓展能力的大型企业可能获得较大的生存空间，从而得以存续较长的时间。最后，大型企业具有强大的企业社会信誉和产品品牌知名度。从这一角度来说，具有这些强大无形资产的大型企业更容易在较为恶劣的环境中生存，这样的企业往往可能获得较长的存续时间。

大型企业的劣势有[8]：

（1）管理费用较高。由于大型企业较为庞杂的组织结构和制度，会给大型企业的运行带来较高的管理费用。这是因为大型企业的组织结构相对复杂，这时各个部分的协调和整合就变得重要和困难，使得企业在管理时需要花费很多额外的费用，如程序复杂、控制环节多等因素造成的效率降低，无疑加大了企业的管理费用。而大型企业拥有的较为丰富的人力资源，也会使得雇员的力量增强，从而有能力要求更高的工资和各种福利待遇，这会进一步增加企业的管理费用支出。

（2）运作效率较低。这一点仍然是由大型企业的组织结构造成的。虽然大型企业拥有较为明确的分工，但由于其组织结构较为复杂，使得企业的效率在各个部门的协调整合过程中大大降低，最后可能会抵消甚至超过分工所带来的效率的提高，结果导致大型企业的整体运作效率变得较低。

（3）对市场的反应较迟缓。大型企业由于其较为复杂的组织结构，在整个经营运作过程当中，反应能力会相对比较迟缓。一个市场信息传到企业，需要在企业内部多个部门之间传递，然后到达管理层，企业管理层做出反应并进行决策，再把决策信息传递到相关各级部门，最后反映到企业的对外部门。从这个过程可以看出，企业的组织结构越复杂，组织层次越多，信息传递所需的时间就越长，因此企业的反应也就越慢。而大型企业的组织结构大都较为复杂，因此大型企业对市场的反应会较为迟缓。

（4）对人力资源要求较高。大型企业不仅有较高的管理费用，而且对人力资源也具有较高的要求。这可以从两个角度来看：首先，大型企业的各个部门需要较高的协调、沟通的能力。由于大型企业的规模往往较大，人员和部门较多，组织结构较为复杂，因此，对于各部门之间的沟通和协调来说就变得较为困难。在这种情况下，只能靠管理者以及各部门员工的积极努力来做好部门间的沟通和协调工作。这样，只有各部门的人员具有较高的素质和水平，才有可能高效率地完成部门之间的协调和沟通工作。因此，大型企业对于各部门人员素质的要求必然大大高于很多中小型企业。其次，大型企业的规模使得其管理的幅度往往较宽。复杂庞大的组织结构往往是大多数型企业所具备的特征。这时，较宽的管理幅度使得企业对于各层管理者的要求也较高。而相对于规模较小、结构较为简单的中小企业来说，则很少有这样的要求。因此，大型企业往往对各层管理人员的素质要求也较为严格。

大企业竞争力是大企业所拥有的各种资源及自身综合能力的系统整合，主要体现在激烈竞争的外部环境中，企业能够比竞争对手更快并且更好地满足消费者不断变化的需求，为企业创造更多的收益，形成企业持续发展的能力[9]。大企业竞争力是从一个较长的时间跨度来考察的，大企业与小企业的不同之处在于其承担了更多的社会责任，不能像小企业那样随意关停。大企业需要一个较长的平稳发展过程[10]。大企业竞争力是在不断适应外部环境过程中表现出来的重要能力，也是大企业通过在市场销售其产品而反映出来的生产能力，可见，大企业的竞争力最终由企业的市场表现来衡量和检验。大企业竞争力是在与竞争对手角逐的过程中体现出来的比较竞争力，是比竞争对手更具优势的竞争能力，大企业竞争力也是一个通过比较而得到的相对概念。对于大企业竞争力的内在表现是良好的成长机制，例如制度机制、管理机制、激励约束机制和决策机制等。同时，对于大企业竞争力的外在表现，则是经济效益稳步增长，运行效率持续提高，企业规模不断扩大，企业在同行业中的地位不断提升。对于大企业竞争力而言，最根本的是发展与创新。发展是社会和企业生存的必要条件，而创新是企业发展的重要源泉，企业只有通过不断创新才能获得超额利润，在与竞争对手的角逐中才会具备更强的竞争优势。

大企业竞争力的主要构成部分，包括能力竞争力和机制竞争力。对于能力竞争力，主要包括企业生存力、企业发展力和企业潜力。而对于机制竞争力，则主要包括企业竞争的各种软机制，例如企业管理机制、企业创新机制、企业决策机制、企业激励机制和企业制度机制等。对于大企业而言，企业生存力是企业在目前的条件下企业规模、抗风险能力、市场地位等要素，具体包括企业的资本状况、企业利润、市场份额等。企业生存力是企业的生产能力、技术水平、市场地位等的综合反映，是企业对现有环境的生存能力状态的集中体现。企业发展力是指企业的扩张能力，主要包括企业利润增长率、资产增值率、营业收入增值率等指标，重点体现企业发展的动态水平和能力。企业潜力是企业未来可具备的市场竞争能力，主要体现企业未来支配和主导市场的潜在能力，企业的资源储备就是其中的一个重要指标，而企业创新能力则是企业潜力的灵魂，与此相关的人力资本的储备和培养、研究开发的投入与产出等都是企业潜力的重要内容。企业的机制竞争力则是指企业保持并不断提升现有竞争力，并将潜在竞争力转化为现实竞争力以取得竞争优势的有关制度方面的竞争力，具体包括企业的创新能力、企业的战略决策能力、企业激励制度等。

（1）企业的创新能力[9]。企业的创新能力包括企业的研究与开发能力、产品和工艺创新能力。创新能力的高低决定了企业将技术资源向技术优势进行转换能力的强弱。创新能力具有静态和动态双重特性，静态创新能力表现为企业的技术储存水平，是企业创新能力的基础；动态创新能力则表现为对企业技术存量的应用和操作，涉及技术创新的递增和重组过程。在社会主义市场经济体制下，企业既要注重增强静态创新能力，更要注重增强动态创新能力。因为动态创新能力对于企业获得持续竞争优势、保持在市场竞争中的有利地位更为重要。此外，要将技术优势转换为企业的竞争优势，还需要企业其他能力的辅助。

（2）企业的战略决策能力[9]。企业的战略决策决定了企业主要资源的配置，从而决定了企业未来的发展方向。其作用主要表现为：①在外部环境相对平稳时期保持企业核心竞争力发展和企业主要资源积累的一致性；②准确预测外部环境的动态变化，适时进行企业核心竞争力的提升，以适应新的市场竞争环境和技术环境。在社会主义市场经济体制条件下，企业高层管理者在制定战略决策时，更应考虑如何有利于企业核心竞争力的培育、成长和积累。

分析大企业竞争力的因素主要包括规模要素、机制要素和技术要素等。其中，规模要素是大企业竞争力的基础要素指标，按照一般的理解，企业的规模较大自然可以增强竞争的综合实力，对于规模经济效益明显的产业而言，这种企业规模要素更是大企业竞争力的重要因素。具体来讲，大企业的竞争规模主要包括投资规模、资本规模、收益规模、市场规模。其中，投资规模是大企业竞争力的重要保证，资本规模是大企业参与市场竞争的基础要件，收益规模是决定大企业发展的关键指标，而大企业所占的市场规模是其发展的市场基石。机制要素主要就是企业的创新能力，大企业必须根据现代企业制度，充分参照战略管理和市场策略，不断形成和发展大企业的核心竞争能力，大力发挥企业家的重要作用，科学地进行战略决策和市场决策，大企业才能够在竞争激烈的市场中获得一席之地，一套科学高效的运行机制是保证企业充满生机和活力的重要因素。技术要素是当今信息社会中大企业竞争力的核心要素，也是企业核心竞争力的重要体现。大企业的研发能力是企业技术要素的核心，企业的研究与开发能力既包括企业自身的研究开发能力，同时也包括企业如何根据自身的需求，通过与外部的科研院所、技术机构甚至是竞争对手的合作，最大限度地利用先进的设备和人力资源。所以，大企业竞争力的技术要素主要涉及两个方面，即技术创新和人力资源水平，这两个方面共同决定大企业的技术竞争力。

对于大企业竞争力的评价，国际上较为普遍的方法是 WEF 评价法和 IMD 评价法，而国内的评价则更为细化，主要将大企业竞争力分为现实竞争力、发展能力和发展潜力等方面，无论是哪种评价方法，大企业的创新能力都是增强大企业竞争力的重要砝码，企业的创新能力在企业的技术、组织、制度、发展等各个方面为打造企业的整体竞争力起到了关键作用。

可见，不管从哪个方面分析，最终竞争力的结果都会形成管理创新、制度创新、技术创新、产品创新、服务创新等一系列有形或无形成果，实际上，对于无形成果的保护比有形成果更为重要和艰难。由于现代社会信息化程度的大力提高，很多无形创新成果如果缺少了保护措施，极容易被其他竞争对手轻而易举地获取，在这种情况下，不但企业之前付出的所有努力都化为泡影，所有的人力资本投资、技术设备投资、企业与此相配套的一切投资都付诸东流。而且，更为重要的是，轻而易举获得企业创新成果的竞争对手会在没有付出代价的情况下充分利用企业的创新成果，给实际采取创新活动的企业以沉重打击，占领创新企业的市场份额，争夺创新企业的顾客，抢占创新企业的市场。另外，即使大企业的创新成果没有被竞争对手利用技术手段获取，而是被其他黑客或病毒攻击，这种技术攻击所带来的后果也是无法想象的。在网络时代，企业与客户、供应商、合作伙伴每天都有无数的信息联络，虽然有效地传递了彼此的信息，但难免会遭遇病毒等的传播。

因此，对创新成果的保护对大企业竞争力有着重要的保障作用，能够从根本上提升大企业的整体竞争力。

参考文献

[1] 龚雪琴，孙金香. 创新与知识产权保护 [J]. 情报探索，2011 (4).

[2] Rothwell R. Successful industrial innovation: Critical factors for the 1990's. R&D Management，1992，22 (3).

[3] 艾青. 自主创新与知识产权保护关系研究 [D]. 南昌大学硕士学位论文，2008.

[4] 世界知识产权组织. 知识产权纵横谈 [M]. 北京：知识产权出版社，1992.

[5] 吴汉东. 知识产权法律知识手册 [M]. 武汉：湖北人民出版社，1992.

[6] 张兰平，管志杰，徐栋，朱惠，洪霄. 基于自主创新的常州中小企业知识产权保护问题及对策研究 [J]. 科技管理研究，2011 (8).

[7] 马秀山. 创新与保护：专利经营启示录 [M]. 北京：科学出版社，2001.

[8] 范晶. 大型企业竞争力评价研究 [D]. 燕山大学硕士学位论文，2006.

[9] 徐睿. 我国大型企业竞争力提升研究 [D]. 北京交通大学硕士学位论文，2008.

[10] 王晓光. 中国大型民营企业竞争力研究 [D]. 吉林大学硕士学位论文，2008.

第3章 Chapter Three 创新保护的利剑——信息安全

3.1 创新保护的方式

创新保护对企业的创新乃至企业的整体竞争力都有着举足轻重的作用，对企业未来的可持续发展至关重要。因此，企业界和学术界都在不断寻找创新保护的方式，最早人们通过制定相应的知识产权法律等途径从法律的角度寻求对创新成果的保护，一旦触犯知识产权法律，并且这种犯罪行为被发现，就会有相应的法律上的惩罚。然而，如果这种侵犯知识产权的行为没有被发现，那法律也无法实现对知识产权的有效保护，此外，技术的进步日新月异，法律对技术进步的相应调整也需要一定的时间，因而法律不是万能的，还需要其他技术措施的进一步保护。

创新保护的法律武器主要是知识产权相关法律，然而，在现实的信息社会中，法律武器却也遇到了前所未有的难题。

首先，信息网络的全球化使得知识产权的属地原则遭遇司法难题。虽然现在的知识产权法律已经在向着国际化的趋势发展，但是，需要认识到，目前的知识产权法律还在很大程度上采取属地主义的原则，也就是如果想取得一个国家的知识产权保护，需要按照该国的法律规定，并且，该国的知识产权效力也只限于该国的国境之内，在其他国家不发生效力。由于现代信息网络技术的迅猛发展，全世界几乎每一个角落都能与其他国家实现互联，这种全球信息网络的出现使得传统的知识产权法律制度出现了难以克服的困难。例如，全球信息化网络使得消费者能够在某一个国家连入互联网的计算机上轻松购买其他国家的产品，而且，这种网络连接可能通过几个国家的网络节点，从而使得简单的消费过程需要考虑多个国家的法律问题，而且不同国家的适用法律也不尽相同，因而造成了知识产权法律在实际使用中的新难题。另外，通过信息化网络连接的企业与企业，或者企业与个人间的联系有很多协议条约都是电子化的形式，很多也都是电子文档，极有可能遭遇篡改、攻击等，使得在用知识产权法律武器进行取证时面临艰巨的技术难题。以往对于知识产权的保护主要集中于传统载体，例如书籍、资料等，监管保护起来相对会容易一些，而现代的创新成果，无论是哪一方面的企业创新，都会涉及电子形式的载体，这种载体极易被复制，从而侵害知识产权。在利用具体的知识产权法律武器时，却又面临着已经被复制过无数次的状况，究竟哪个国家对这种侵害知识产权的行为具有管辖权难以界定，为依赖知识产权法律寻找创新保护形成了极大的障碍。

其次，信息技术的发展使得知识产权法律的取证面临难题。如果在没有经过权利人许可的情况下利用信息复制技术复制他人作品，就会构成侵权，而网络上其他的使用者就会在不知不觉间也成为了侵权者，可是如果涉及具体的利用知识产权法律进行追究，却很难找到网络上的所有侵权者，因而在真实世界能够受到保护的作品，在数字化世界中却面临着极其严峻的挑战，不但损害了著作权人的利益，既有的社会正当秩序也面临着冲击。可见，传统的知识产权法律在当今的信息技术条件下，已经面临着前所未有的挑战。依赖法律武器已经很难让著作权人安全地把自己的作品放到互联网上，这也为合理合法传播知识造成了极大的困难。

再次，利用知识产权等相关法律进行创新保护也具有时间长、难度大和成本高的缺点。利用知识产权法律进行创新成果的保护时，专利等申请书的撰写、具体的申请程序、一直到最后获得专利等，需要较长的时间，而这个时间常常超过产品的生命周期，那法律的保护也基本没有任何意义了。而且，对于申请知识产权相关法律的保护需要满足特定的条件，不是企业所有的创新成果，例如产品和服务，都能获得法律的保护。[①] 另外，企业申请知识产权需要一定的成本，并且该成本一般相对较高，此外还需一定的维护费用，并且这笔维护费用也价格不菲，这无形中会增大企业的成本负担。

最后，在企业对于创新成果的保护中，涉及通过人员管理保护企业的创新主体。人员是企业知识的重要载体，也是创新活动的主要实施者，所以，人力资本是企业创新中最为重要的一类资产。对于创新人员的管理，主要包括参与创新活动的研发人员和核心技术人员的管理，例如竞业限制、人员流动管理等，同时，职业道德教育和激励惩罚管理等都是重要的管理内容。而人员这一重要的创新主体在进行管理时虽然最为重要，但也是最难控制的。人员的交流，特别是私下和私人时间的交流很难进行有效管理，而且人员的流动也受多种因素的共同作用，不能完全加以有效控制。此外，嵌入到人员中的智力资本和缄默性知识难以进行管理，企业的人力资源管理水平如果没有达到一定的水平，就很容易在这一方面出现问题。可见，对于创新人员的管理在很大程度上基于企业自身的管理水平和企业文化对于创新成果的保护和控制，其有效程度的影响因素较多，对企业创新成果的最终保护作用也有限。

随着信息时代的技术进步，几乎所有的信息文件，包括创新成果的载体都需要依赖计算机，而与此同时，病毒、木马等危害数字化资料的攻击方式也层出不穷，极大地危害了数字化信息文件的安全，因此，信息安全措施应运而生。信息安全技术能够在技术方面从根源上规避创新成果的泄露风险，直接有效地保护企业创新成果的信息资产。可见，企业的信息安全投资对于创新成果的保护至关重要。

3.2 信息安全投资对创新成果的有效保护

实际上，信息作为当今社会最重要的一种资源，其普遍性、可处理性、可复制性使得信息对于人类具有重要意义，信息安全的实质就是保证信息的安全性，

① 以专利为例，必须同时具有新颖性、创造性和实用性三个要求，才能够顺利获得专利的许可，而企业的所有创新成果却并不是都能够满足这三项要求的，因而企业的所有创新成果未必都能获得法律的保护。

使得企业等组织的信息系统或信息网络中的资源免受各种类型的威胁、干扰和破坏。

信息安全涉及的范围相当广，上到保护国家政治军事等的机密安全，下到防范企业机密信息的泄露。在当今互联网高度发达的信息社会，信息安全体系是保证信息安全的关键，包括计算机安全操作系统、安全协议、安全机制、安全系统等，其中的任何一个环节存在漏洞都可能威胁全局的安全，由此可见信息安全对于数字化时代数字文档的重要意义。

信息安全技术主要包括数字签名、信息认证、数据加密、数字版权技术（DRM）等，通过所有技术手段的综合运用，才能最大限度地保证信息的保密性、真实性、完整性和可靠性。可见，信息安全投资对于企业的创新成果具有有效的保护作用，能够使数字化的创新成果被企业安全地拥有，直至获得竞争能力和可持续发展。

信息安全风险主要来源于计算机病毒、黑客攻击、僵尸网络等，在这些信息时代不得不面临的各种计算机安全威胁中，有些是蓄意的攻击，[①] 这些计算机安全威胁如果依靠法律武器，则在时间成本、投资成本、保护难度方面面临很大的困难；而如果利用人员管理进行有效的创新保护，则对企业关于重要研发人员和核心技术人员的人力资源管理提出了严峻的挑战，而且，效果往往并不理想。同时，即使企业进行了有效的人力资源管理，但很多计算机风险依然存在，木马和病毒防不胜防，很可能在与客户、供应商或者合作伙伴的电子交往和联络中，通过电子文档就轻而易举地被传播了病毒，这种非主观人为的因素是通过非技术手段难以控制的。

与此同时，企业创新成果在当今信息化的社会几乎都会以电子化的形式存在，无论是管理创新、制度创新，还是其他的创新成果，都会在最后伴随着电子化成果，这种电子化成果可以说是创新的精髓，如果电子成果未能得到有效的保护，则企业的一切创新努力都会付诸东流，甚至为竞争对手所利用，在市场上获得不正当的利益，不仅损害了创新企业的利润，更抢夺了创新企业本该占有的宝贵的市场份额。

在企业的所有创新中，技术创新是其中尤为重要的一类创新活动。在当今科

① 例如竞争对手的黑客攻击、恶意的僵尸网络等。

学技术高度发达的今天，基本所有的技术都会依赖计算机来完成，计算机就是技术创新所依赖的基本设备。可以说，基本上所有的创新活动都离不开计算机的使用，如果在创新过程中，特别是创新成果的最终形成之后遇到了各种计算机风险，例如病毒或其他攻击，则会使创新成果受到毁灭性的打击，不仅大大挫伤了创新企业进行创新活动的积极性，而且会使有不良意图的攻击者继续进行破坏活动，因此，若不对侵害信息安全的行为进行强有效的预防，则不但会对企业造成巨大的伤害和打击，而且对整个社会进行创新活动的积极性也会有不利的影响。

现在各种先进的信息安全技术层出不穷，为创新成果的保护提供了最有效、最直接、最经济的防护手段。随着企业纷纷采用相应的信息安全技术保护自身的创新成果的安全，有关信息安全投资的研究也随之开始，主要分析信息安全投资与收益的管理及经济问题，不但使信息安全技术为企业的创新成果提供了足够的保护，而且对其投资的管理学和经济学问题进行了深入研究。

3.3 国内外相关研究的最新进展

下面主要介绍信息安全投资和博弈论的研究概况，以及目前仅有的涉及信息安全投资博弈论的研究。

3.3.1 信息安全投资的研究进展

国内外对于信息安全问题的研究主要集中于技术领域，相比发展较快的信息安全技术研究而言，信息安全投资问题的研究尚处于起步阶段。2002 年 Lawrence A. Gordon 和 Martin P. Loeb 开始了对信息安全投资经济学模型的研究，从 2005 年开始，学者们对于信息安全投资问题的相关研究才逐渐增多。到目前为止，国内外对于信息安全投资问题的研究主要从风险管理、安全成本效益、Gordon-Loeb 模型、信息安全经济学等角度展开。

3.3.1.1 基于风险管理角度的信息安全投资研究

Ryan J. 和 Ryan D.[1] 利用风险分析方法研究了信息安全投资的预期收益问题。作者将安全视为风险的对立面，通过度量风险的降低来定量地计算安全的收益。他们主要将 Kaplan-Meier 和 Nelson-Aalen 非参数估计量引入定量风险分析的概率分布中，并且通过这些估计量计算出增加的安全水平，进而通过适当的价值函数对信息安全投资收益进行量化。

Rodewald G.[2] 将风险容忍模型作为信息安全投资的决策依据。作者首先将信息安全投资与普通投资进行了对比，普通投资利用成本效益进行投资决策，但由于信息安全投资的产出是对信息安全威胁的避免或减轻，与资金收益有很大不同，因而信息安全投资和普通投资的分析必然也是有区别的。通过计算信息安全投资对风险规避的影响程度，Gus Rodewald 认为这将会给管理者提供决定信息安全投资 ROI 的最低标准。

Rok Bojanc 和 Borka[3] 研究了预防计算机犯罪的 ICT 安全投资的标准定量方法，在安全风险管理问题中，确定了资产、威胁、ICT 系统的脆弱性。在风险评估的量化问题中，应用了传统的 SLE 和 ALE 方法。在对投资进行评估的量化过程中，将 ROI、NPV、IRR 方法整合为作者的标准过程。文章中所提及的方法基本都是比较基础的方法，整合也只是过程上的整合，在计算上较为简单，尚未建立精确的数学模型。

Sonnenreich W.[4] 从 ROI 的基本思想出发，将投资收益与投资成本作为基本的分析要素。在投资收益问题上，先通过 SLE 计算出 ALE，并将此作为风险暴露值，然后通过定性的考察估算出风险暴露减轻的比例，两者之积即为投资的收益。在信息安全投资成本问题上则主要定性地考虑了成本的要素。

Christian Locher[5] 研究了 Basel Two 实施后信息安全投资对金融行业风险管理的影响。The New Basel Capital Accord（Basel Two）将运营风险纳入金融行业必要调整资金的计算中，而信息安全对运营风险有着直接的影响，因而作者引入了可接受的风险管理方法，并据此对信息安全投资问题进行评价。

Wang Z.和 Song H.[6] 利用机会成本研究了信息安全风险，通过多目标模型分析信息安全投资策略。此多目标模型主要考虑失去机密性、完整性和可用性这些风险的机会成本的最小化问题，以及投资收益与成本的关系问题。

Wade H. Baker 和 Loren Paul Rees[7] 等从定性的角度分析了风险管理和信息安全投资中的必要方法，包括收集对资产产生威胁影响的数据和金融损失数据，计算采取相关措施后风险降低的可能性，并认为此方法有助于提高安全风险管理和决策的制定。

John Piper [8] 将信息安全投资决策中的风险管理具体分为三个阶段。第一阶段主要为项目的计划和执行阶段，绘制流程图，设计整个风险分析过程。第二阶段是漏洞和影响结果分析。① 第三阶段就是风险的评估与评价，并计算风险指数，给出降低风险可能性的建议。

C. Derrick Huang [9] 等从风险厌恶的角度分析了信息安全投资的经济性。文章首先应用经济学中的期望效用理论建立了信息安全投资的预期收益模型，在此基础上研究了安全投资的最优水平，同时考察了最优投资、潜在损失、风险厌恶程度和投资效率之间的关系。

3.3.1.2 基于安全成本效益角度的信息安全投资研究

Rebecca T. Mercuri [10] 从定性的角度对信息安全的成本进行了具体探讨，认为信息安全成本不仅包括所有权信息失窃和金融诈骗的损失，还包括病毒、拒绝服务攻击、访问特权滥用、硬件失窃等造成的损失。

C. Derrick Huang [11] 等研究了组织在面临多重攻击的情况下信息安全投资的收益问题。在建立单时间段、多事件模型信息安全模型的基础上，根据收益最大化进行投资分析。在无约束和预算约束两种情况下讨论了信息安全投资的收益问题。

Adrian Mizzi [12] 研究了信息安全投资的区间问题。Adrian Mizzi 提出了信息安全投资机制的模型，从风险管理出发，通过对受威胁资产和总损失等的计算得出信息安全投资的上限，并且对攻击者可能花费的攻击成本进行了估计。最后作者认为组织对信息安全进行投资的上限即为信息安全事故对组织所造成的最大损失。

Marco Cremonini 和 Dmitri Nizovtsev [13] 从攻击者的不同攻击状态研究了信息安全投资问题。由于理性的攻击者更倾向于攻击安全水平薄弱的组织，因而安全投资的外在影响对攻击者选择攻击目标具有很大影响，信息安全投资较多的组织也必然希望自己的投资水平能够被外界知晓，进而避免受到安全攻击。此研究也说明了安全投资后的宣传对信息安全投资也会产生一定影响。

Jeffrey L. Duffany [14] 运用线性规划方法研究了保护企业信息安全所需资源

① 从组织的各项活动入手，通过会谈和参观等方式描述组织设备状况，并充分考虑运营风险，提出风险管理的概念，进一步确定组织设备等存在的脆弱性以及可能造成的不良影响，并进行资产威胁配对。

的最优配置问题。Jeffrey L. Duffany 将企业信息设施分为网络、电子邮件、远程访问和移动计算四个部分，对这四部分的资源分配通过目标函数中整体经济影响成本的最小化进行求解。

Sangkyun Kim 和 Hong Joo Lee [15] 对信息安全投资的成本和效益要素进行了细化。他们认为安全投资的成本要素主要分为三大类：计划成本、实施成本和运营成本。① 在效益要素中，主要分为运营效益要素和战略效益要素两大类。在运营效益中又具体分为潜在损失预防、增加的效益、决策时间和质量的增强、商业效能的提高等。战略效益要素则主要是竞争威胁的减弱、供应商关系的提高、客户关系的改善等。

Kevin Buck 和 Diane Hanf [16] 从定性的角度探讨了服务型组织的信息安全投资决策问题。他们认为将传统的 ROI 方法应用于信息安全问题时，从估计不进行信息安全投资可能造成安全事故的可能性到安全损失总价值的确定可以分为七个步骤，并对其中的关键步骤给予了关注。而将 ROI 方法应用到服务型组织的信息安全问题时，则需要重点考虑服务型组织与一般组织不同的典型特征。Kevin Buck 和 Diane Hanf 虽然提到了 ROI 方法，但由于 ROI 方法在信息安全投资问题量化上的局限性，整篇文章基本都是定性的探讨。

3.3.1.3 基于 Gordon-Loeb 模型的信息安全投资研究

Lawrence A. Gordon 和 Martin P. Loeb [17] 从脆弱性的角度研究了信息安全投资的经济学模型，认为信息安全投资最大不应超过预期损失的 37%。这两位学者于 2002 年将此项研究成果予以发表，成为有关信息安全投资问题早期的研究。2005 年之后，针对 Lawrence A. Gordon 和 Martin P. Loeb 提出的模型和结论的探讨逐渐成为一项研究热点。

Lawrence A. Gordon 和 Martin P. Loeb 于 2005 年和 2006 年又分别发表了两篇文章，即 *Evaluating Information Security Investments Using the Analytic Hierarchy Process* [18] 和 *Budgeting Process for Information Security Expenditures* [19]。在 *Evaluating Information Security Investments Using the Analytic Hierarchy Process* 一文中，Lawrence A. Gordon 和 Martin P. Loeb 运用传统的层次分析法对信息安全投资进行分析。在信息安全投资的层次分析法中，两位学者将评价标准定为机密性、完整

① 在这三大类中，又具体分为咨询、外包、保险等具体成本项目。

性和可用性三个标准，在每一个标准中又具体定义了各自的分标准。① 在 *Budgeting Process for Information Security Expenditures* 一文中，Lawrence A. Gordon 和 Martin P. Loeb 以 NPV 方法为例，调查了公司对于信息安全投资预算的决策方式。结果显示，一部分信息安全经理的确利用 NPV 方法进行安全投资的决策，还有一部分运用其他的考察信息安全投资成本与收益的经济分析方法，这些迹象都说明对信息安全活动的评价正在朝着更精确的经济分析方法改进。调查同时显示，还存在一些公司的信息安全投资活动主要依据公司过去的经验和模仿同行优秀公司的做法。

其他学者也对 Gordon-Loeb 模型展开了各种讨论。Kjell Hausken [20] 同样是从脆弱性角度分析，在安全投资的四种边际收益情况下，通过 Logistic 函数分析得出其结论，认为 Gordon 和 Loeb 关于信息安全投资最大不应超过预期损失的 37%的结论是不正确的。

Jan Willemson [21] 也通过建立一个占预期损失 50%的投资案例否定了 Gordon 和 Loeb 的结论。并且，Jan Willemson 将 Gordon 和 Loeb 模型的初始约束条件做了微小的调整，结果得出信息安全投资甚至可以占到预期损失的 100%。

3.3.1.4 与信息安全投资相关的信息安全经济学研究

在与信息安全投资相关的研究中，信息安全经济学也是一个新兴的研究领域。信息安全经济学从经济学的新视角对传统的属于技术领域的信息安全问题进行了研究 [22,23]，并且专门创立了 Workshop on Economics and Information Security（WEIS）及时沟通这一领域的最新研究成果。英国剑桥大学的 Ross Anderson 教授是 WEIS 的重要组织者，也是信息安全经济学领域的领军人物。Ross Anderson 教授在首届 WEIS 会议上做了 *Maybe we spend too much?* 的重要报告，之后又发表了多篇文章，在审查抵制经济学、密码与竞争政策、协议成本、Chip 和 PIN 支付系统脆弱性、隐私价值、欧洲网络与信息安全市场等多方面进行了研究，Ross Anderson 教授于 2008 年将心理学、人类行为也加入安全经济学中，研究范围甚至扩展到了与安全问题相关的恐怖主义。

WEIS 每年举办一次学术会议，从 2002 年在 University of California，Berkeley

---

① 例如可用性具体分为认证、可达性和不可否认性三个分标准，对各标准及分标准进行评价打分，综合之后可以得出对信息安全投资的评价。

召开的第一届 WEIS 会议到 2008 年 6 月在美国 Dartmouth College 召开的第七届 WEIS 会议中，各领域的学者从不同角度对信息安全经济学进行了研究。

Fariborz Farahmand 等[24]研究了信息系统安全事故的损失评价问题；Roger Adkins[25]为避免信息安全事故损失所进行的投资建立了保险类型模型；Stuart E. Schechter[26]对远程攻击的安全风险建立了经济学模型；Karthik Kannan 和 Rahul Telang[27]对软件漏洞进行了市场经济学分析；Robert A. Gehring[28]研究了软件发展、智力资本权益和信息安全的问题；Joan Feigenbaum 等学者[29]研究了隐私技术配置的经济障碍；Acquisti Alessandro 和 Jens Grossklags[30]利用实验方法研究了人们对于信息安全的态度和行为；Anindya Ghose[31]研究了分享安全信息的经济后果；Huseyin Cavusoglu[32]等对安全补丁管理进行了经济学分析；Alok Gupta 和 Dmitry Zhdanov[33]从经济学的观点研究了安全服务网络的成长与可持续性；Peter Honeyman[34]分析了可靠性和安全的相互关系；Byron Acohido[35]从新闻工作者的角度研究了媒体对安全沟通的作用；Yvo Desmedt[36]讨论了分布计算环境下的安全与威胁，改进了 Byzantine faults 模型，用经济学的方法来表述可能的攻击，并进行成本度量，同时对攻击者也进行了相应的经济学分析；Dirk Bergemann[37]等学者对信任系统进行了经济学分析；Brent R. Rowe[38]分析了 IT 安全外包与社会安全水平的关系。

3.3.2 博弈论应用的研究进展

严格意义上的博弈论的历史起点就是 Von Neumann 和 Morgenstern 于 1944 年出版的 *Theory of Games and Economic Behavior*，即《博弈论和经济行为》。该书概括了经济主体的典型行为特征，提出了策略型与广义型（扩展型）等基本博弈模型、解的概念和分析方法等，奠定了博弈论大厦的基石，标志着博弈论的创立。博弈论问世不久便显示出在分析策略间相互作用问题中的威力，并且使得研究者在分析策略依存性问题时能够运用演进的数学模型来得出很多科学的观点。

经典博弈论是数学科学的分支，它现在成已发展为一门应用科学，并在许多领域都有着广泛的应用。

在供应链研究领域，很多学者研究了其中的博弈问题。Cachon 和 Zipkin[39]研究了竞争下的供应链库存静态博弈。Chen 等[40]研究了竞争下的供应链库存动态博弈。① 在竞争下的供应链库存多阶段动态博弈问题中，Sterman [41] 和 Chen [42] 研究了计算机仿真的啤酒博弈模型，Kimbrough 和 Wu [43] 则开发了基于主体（Agent）的啤酒博弈模型，设定了每个主体的学习机制，实验结果表明，主体的学习能力能够消除供应链上的牛鞭效应，并找到最优策略。Cachon 和 Larivier [44] 应用信号传递理论分析了如何订立契约使供应链中上下游的企业共享可靠真实的需求信息。Van Mieghem [45] 建立了包括生产商和外包企业的两阶段模型。Huang [46] 等建立了广告投资的博弈模型，为上下游企业的合作促销协调利益提供依据。Brandenburger 和 Stuart [47] 建立了供应商、公司和购买者的三边指派博弈模型对供应链结构进行优化。

期权博弈的相关研究主要集中于项目本身的不确定性、产品市场的不确定性和序列投资的研究三个方面 [48~50]。其中，Thijssen 和 Huisman [51] 在分析两家企业对同一项目的投资博弈时，考虑了抢先进入的先动优势和信息外溢造成的后动优势的影响。在 Grenadier [52] 建立的双头博弈连续时间模型中，提出了寻找博弈均衡的可行方法。Murto 和 Keppo [53] 研究了赢者通吃情况下的投资决策模型。Paxson 和 Pinto [54] 考察了一种双因素期权博弈模型。Smit 和 Trigeorgis [55] 建立了 R&D 中两段式投资期权博弈模型。Kulatilaka 和 Enrico [56] 分析了不完全竞争下的成长期权博弈模型。国内对期权博弈也进行了相关的研究，安瑛晖和张维 [57] 分析了期权博弈理论，归纳出了期权博弈理论方法的一般分析框架。杨明和李楚霖 [58] 研究了双头主从博弈模型，分析了一个企业追随先行企业进行 R&D 项目研发时的期权价值、研发投资和努力策略。余冬平和邱菀华 [59] 提出了 R&D 投资决策的不对称双头垄断期权博弈模型，分析了领先者、追随者和同时投资者的价值函数的投资临界点。

在财务领域研究中，博弈论成功地解释了传统金融理论不能解释的上市公司的“红利之谜”，Black [60] 所称的“红利之谜”通过博弈理论方法的应用获得了很大进展。Bhattacharyao [61] 把股利作为信号的模型是财务金融领域最早利用博弈论工具的文章之一，该模型的问题之一是其认为将要发放的股利是为了发出新的信息，否则公司就没有必要一直发放股利。在资本结构方面，博弈理论在资本结构领域第一个有影响的应用是信号模型。Ross [62] 的模型指出管理者通过选择

① 竞争下的供应链库存动态博弈分析了在一对多的供应链库存博弈模型中如何制定价格与补货策略。

适当的债务水平向资本市场传递企业前景的信号，其理论含义越好的企业负债率越高。博弈理论在资本结构领域第二个有影响的应用是代理成本，Jesen 和 Meckling [63] 分析了存在于股东与管理者之间以及股东与债权人之间的两种代理模型。存在于股东与管理者之间的代理问题由于股东不能完全控制管理者的行为，就意味着管理者有追求自己利益的动机；存在于股东与债权人之间的代理问题是因为有财务杠杆的企业所有者有冒风险的冲动，他们在收益高时获得收益，在发生拖欠时由债权人承担成本。Myers [64] 则分析了第三种代理问题，若企业发行了大量的债券，而无企业资产产生的现金流作保证，股东将会不愿意投资安全项目。

此外，博弈论的方法还广泛应用于公司治理 [65,66]、人力资源管理 [67,68]、竞价策略 [69~73]、上市公司 [74,75]、营销管理 [76~79] 等经济管理领域。

3.3.3 博弈论应用于信息安全投资问题的研究进展

国内外有关博弈论在信息安全投资中的应用研究不多，目前有价值的文献主要有六篇。这六篇文献大致可以分为三类：第一类是信息安全防守方和攻击方的非合作博弈问题；第二类是通过博弈论研究相互依赖的防守各方在信息安全中的合作问题；第三类则是利用博弈论研究个体信息安全投资效益与社会整体效益的关系。目前这三类利用博弈论研究信息安全投资问题的文献尚处于互不交叉的平行发展态势之中，并且仅有的这六篇有价值的文献即使用到了博弈论，也都是在博弈方的完全理性框架下进行的研究，没有考虑到现实社会中信息安全主体的有限理性问题。

第一类问题是典型的非合作博弈问题，信息安全中的防守方和攻击方在决策选择中的博弈和纳什均衡应该成为主要的研究内容，但目前的文献对该内容的研究相当匮乏。在 Huseyin Cavusoglu 的文章 *A Model for Evaluating IT Security Investment* [80] 中，作者只是在将 Firm 和 Hacker 作为 Player 来进行博弈研究，主要应用 Bayes Rule，对风险概率考虑较多，但缺乏针对信息安全防守方投资的分析，与博弈相关的全部内容只有一页，与信息安全防守方和攻击方的完整博弈还有相当大的差距。

在第二类问题中，Howard Kunreuther 和 Geoffrey Heal [81] 两位学者利用博弈论研究宏观层面的安全问题，他们合著了文章 *Interdependent Security*。在文章中，作者从二人完美信息的博弈模型入手，逐步扩展为多人博弈，提出了 Interdependent Security（IDS）模型，并将该模型与囚徒困境进行相应的比较，同时，将保险、罚金、规章及第三方监察等外部环境因素内部化。文章最初的研究背景是航空安全，但在后半部分将问题延伸到了计算机安全、防火安全等。但由于作者所研究的威胁航空安全的炸弹等恐怖要素不具有传播性，最多只能爆炸一次，而威胁信息安全的计算机病毒却具有极强的传播性，影响范围就不仅仅是一台计算机，而很可能是多台计算机的问题，因此必须从信息安全攻击和防守具有的与航空安全问题不同的特性重新考虑信息安全投资的博弈问题。

Hal R. Varian 所写的文章 *System Reliability and Free Riding* [82] 是从系统可靠性角度研究信息安全博弈问题的，作者从 Total effort、Weakest link 和 Best shot 三个方面研究了 Nash Equilibrium，研究思路从二人逐步扩展为多人，探讨了 Free Riding 的问题，但对信息安全的成本和效益问题考虑不足。Hideyuki Tanaka 等 [83] 在 *Vulnerability and information security investment: An empirical analysis of e-local government in Japan* 一文中，通过分析日本政府的 e-local 数据，得出结论为经济实体所做的信息安全投资决策取决于其弱点，并认为该结论支持了传统的经济结论。文章提到了利用博弈论的纳什均衡研究各个公司在安全投资合作中的博弈问题，但主要是讨论了上述的两篇文献，没有进行具体的博弈数学分析。

第三类研究是 2008 年发表的两篇会议论文，主要利用博弈论研究个体信息安全投资效益与社会整体效益的关系。Jens Grossklags、Nicolas Christin 和 John Chuang 三位学者在第 17 届 World Wide Web 国际会议上发表了合著的文章 *Secure or Insure? A Game-Theoretic Analysis of Information Security Games* [84]，他们将个人效益与整体效益转化为保险和信息安全技术投资的关系研究，通过网络范围、攻击类型、损失可能性和技术成本等要素探讨了个体组织对于保险和信息安全技术的投资。Libin Jiang、Venkat Anantharam 和 Jean Walrand 三位学者在第三届 Economics of Networked Systems 国际会议上发表了合著的文章 *Efficiency of Selfish Investment in Network Security* [85]，他们在非合作博弈的环境中，探讨了 Effective-investment 模型和 Bad-traffic 模型下的网络安全，在重复博弈的情形下探讨了社会最优产出，并分析了个人投资对网络整体安全的影响。

3.3.4 国内外相关研究小结

综上所述，国内外对于信息安全投资问题、博弈论应用等领域的研究都取得了一定的进展，但对于博弈论应用于信息安全投资问题的研究，目前有价值的文献只有六篇，攻防和防守各方博弈的系统分析以及博弈方的有限理性问题都有待解决。

（1）信息安全投资问题是信息安全在经济管理领域的重要难题之一。相对于发展较快的信息安全技术研究而言，信息安全投资问题的研究尚处于起步阶段。这一领域的早期研究是 2002 年 Lawrence A. Gordon 和 Martin P. Loeb 对于信息安全投资经济学模型的研究，从 2005 年开始，学者们对于信息安全投资问题的相关研究才逐渐增多。到目前为止，国内外对于信息安全投资问题的研究主要从风险管理、安全成本效益、Gordon-Loeb 模型、信息安全经济学等角度进行展开。这些研究虽然是从不同视角对信息安全投资问题进行分析，但都是从组织自身的角度展开的研究，没有考虑到攻击者和其他信息安全投资方对其投资的影响，而攻击者和其他信息安全投资方的存在却正是进行信息安全投资的根本原因。

（2）在博弈论研究中，从博弈论创立至今，一直偏重于博弈论作为数学分支的数理研究，近年来博弈论频频获得诺贝尔经济学奖，并逐渐成为经济学家和管理学家极其重视的分析方法，博弈论的价值才逐步地显现出来。博弈论在纳什等杰出数学家的研究下，作为应用数学的一个分支现在已经发展得相对比较成熟。然而在真正显现博弈论价值的应用领域，虽然已被应用于生物学、经济学、军事学等学科领域，但在其他很多科学中的应用还是空白，还有很多需要博弈论发挥价值的领域。特别是在博弈论的最新发展，如演化博弈论的研究中，应用研究还大大滞后于数理研究。因而博弈论尤其是演化博弈论的应用研究一直并将在未来相当长的时期是博弈理论界最前沿的研究领域。

（3）对于博弈论在信息安全投资问题中的应用研究，目前有价值的文献只有六篇，还有很多问题尚待解决。这几篇文献有的只是提出了利用博弈论研究信息安全投资问题的可行性，有的则是在论述其他安全问题时对信息安全投资博弈论问题附带加以研究。对于攻击方和防守方的博弈以及防守方之间的博弈研究尚处于互不交叉的平行发展态势之中，数学分析不深入，也未形成有机的系统研究。并且仅有的六篇有价值文献即使用到了博弈论，也都是在博弈方的完全理性框架下进行的研究，没有考虑到现实社会中信息安全主体的有限理性问题，因而尚需利用博弈论对信息安全投资问题进行系统研究。

由此可见，信息安全投资问题需要博弈论的分析方法，而博弈论的应用研究也需要新的探索和拓展，利用博弈论研究信息安全投资问题是合理且必然的研究趋势。但到目前为止，博弈论在信息安全投资问题中的应用研究还处于初步探索阶段，还需要系统考虑攻防以及防守各方的博弈，博弈主体的有限理性问题也需重点加以解决。

参考文献

[1] Ryan J., Ryan D. Expected Benefits of Information Security Investment. Computers & Security, 2006 (25).

[2] Rodewald G. Aligning Information Security Investments with a Firm's Risk Tolerance. 2nd Annual Conference on Information Security Curriculum Development, Georgia, 2005.

[3] Rok B., Borka J. Standard Approach for Quantification of the ICT Security Investment for Cybercrime Prevention. Second International Conference on the Digital Society, Sainte Luce, 2008.

[4] Sonnenreich W. Return on Security Investment (ROSI): A Practical Quantitative Model. Journal of Research and Practice in Information Technology, 2006, 38 (1).

[5] Locher C. Methodologies for Evaluating Information Security Investments-What Basel Two Can Change in the Financial Industry. 13th European Conference on Information Systems, Germany, 2005.

[6] Wang Z., Song H. Towards and Optimal Information Security Investment Strategy. IEEE International Conference on Networking, Sensing and Control, China, 2008.

[7] Baker W., Rees L., Tippett P. Metric-driven Information Security Risk Assessment and Decision Making. Communications of the ACM, 2007, 50 (10).

[8] Piper J. Security Risk Management and Investment Decisions. http: //www.fpri.org/pubs/200612. piper.securityriskmanagementinvestment.pdf, 2006.

[9] Huang C., Hu Q., Behara R. An Economic Analysis of the Optimal Information Security Investment in the Case of A Risk-averse Firm. International Journal of Production Economics, 2008 (114).

[10] Mercuri R. Analyzing Security Costs. Communications of the ACM, 2003, 46 (6).

[11] Huang C., Hu Q., Behara R. Economics of Information Security Investment in the Case of Simultaneous Attacks. The Fifth Workshop on the Economics of Information Security, England, 2006.

[12] Mizzi A. Return on Information Security Investment. http: //www.infosecwriters.com/text_resources/pdf/ROISI.pdf, 2005.

[13] Cremonini M., Nizovtsev D. Understanding and Influencing Attackers' Decisions: Implications for Security Investment Strategies. Fifth Workshop on the Economics of Information Security, England, 2006.

[14] Duffany J. Optimal Resource Allocation for Securing an Enterprise Information Infrastructure. The 4th international IFIP/ACM Latin American conference on Networking, Costa Rica, 2007.

[15] Kim Sangkyun, Lee H. Cost-Benefit Analysis of Security Investment: Methodology and Case Study. International Conference on Computational Science and its Applications, Singapore, 2005.

[16] Buck K., Hanf D. Applying ROI Analysis to Support SOA Information Security Investment Decisions. IEEE International Conference on Technologies for Homeland Security, Greater Boston, 2008.

[17] Gordon L., Loeb M. The Economics of Information Security Investment. ACM Transactions on Information and System Security, 2002, 5 (4).

[18] Bodin L., Gordon L., Loeb M. Evaluating Information Security Investments Using the Analytic Hierarchy Process. Communicatoins of the ACM, 2005, 48 (2).

[19] Gordon L., Loeb M. Budgeting Process for Information Security Expenditures. Communicatoins of the ACM, 2006, 49 (1).

[20] Hausken K. Returns to Information Security Investment: The Effect of Alternative Information Security Breach Functions on Optimal Investment and Sensitivity to Vulnerability. Information Systems Frontiers, 2006 (8).

[21] Willemson J. On the Gordon&Loeb Model for Information Security Investment. The Fifth Workshop on the Economics of Information Security. England: University of Cambridge, 2006.

[22] 孙薇，何德全，孔祥维，尤新刚. 数字版权风险的模糊数学分析模型 [J]. 哈尔滨工业大学学报，2006.

[23] 孙薇，孔祥维，尤新刚. 数字版权管理对信息技术采纳模型的正向驱动效应研究 [J]. 信息"技术采纳：理论发展与中国实践"学术研讨会（CNAIS），2006.

[24] Farahmand F., Navathe S., Sharp G. et al. Evaluating Damages Caused by Information Systems Security Incidents. 2nd Workshop on Economics and Information Security, Berkeley, 2003.

[25] Adkins R. An Insurance Style Model for Determining the Appropriate Investment Level against Maximum Loss Arising from an Information Security Breach. 3rd Workshop on Economics and Information Security, Berkeley, 2004.

[26] Schechter S. Toward Econometric Models of the Security Risk from Remote Attacks. 3rd Workshop on Economics and Information Security, Berkeley, 2004.

[27] Kannan K., Telang R. An Economic Analysis of Market for Software Vulnerabilities. 3rd Workshop on Economics and Information Security, Berkeley, 2004.

[28] Gehring R. Softwawre Development, Intellectual Property Rights, and IT Security. 1st Workshop on Economics and Information Security, Berkeley, 2002.

[29] Feigenbaum J., Freedman M., Sandre T. et al. Economic Barriers to the Deployment of Existing Privacy Technologies. 1st Workshop on Economics and Information Security, Berkeley, 2002.

[30] Acquisti A., Grossklags J. An Experimental Approach to Information Security Attitudes and Behavior. 2nd Workshop on Economics and Information Security, Berkeley, 2003.

[31] Gal E., Ghose A. The Economic Consequences of Sharing Security Information. 2nd Workshop on Economics and Information Security, Berkeley, 2003.

[32] Cavusoglu H., Cavusoglu H., Zhang J. Economics of Security Patch Management. Work-shop on Economics and Information Security, Berkeley, 2006.

[33] Gupta A., Zhdanov D. Growth and Sustainability of Managed Security Services Networks: An Economic Perspective. Workshop on Economics and Information Security, Berkeley, 2007.

[34] Honeyman P. Interdependence of Reliability and Security. Workshop on Economics and Information Security, Berkeley, 2007.

[35] Acohido B., Berinato S., Grow B. Communicating Security-The Role of Media: A Journalistic Perspective. Workshop on Economics and Information Security, Berkeley, 2008.

[36] Desmedt Y. Using Economics to Model Threats and Security in Distributed Computing. 1st Workshop on Economics and Information Security, Berkeley, 2002.

[37] Bergemann D., Feigenbaum J. Towards an Economic Analysis of Trusted Systems. 3rd Workshop on Economics and Information Security, Berkeley, 2004.

[38] Rowe B. Will Outsourcing IT Security Lead to a Higher Social Level of Security? Work-shop on Economics and Information Security, Berkeley, 2007.

[39] Cachon G., Zipkin P. Competitive and Cooperative Inventory Policiesin a Two stage Sup-ply Chain. Management Science, 1999, 45 (7).

[40] Chen F., Federgruen A., Zheng Y. Near Optimal Pricing Replenishment Strategies for a Retail Distribution System. Operation Research, 2001, 49 (6).

[41] Sterman J. Modeling Managerial Behavior: Misperceptions of Feed back in a Dynamic Decision Making Experiment. Management Science, 1989, 35 (3).

[42] Chen F. Decentralized Supply Chains Subject to Information Delays. Management Science, 1999, 45 (8).

[43] Kimbrough S., Wu D., Zhong F. Computers Play the Beer Game: Can Artificial agents Manage Supply Chains? Decision Support Systems, 2002 (33).

[44] Cachon G., Lariviere M. Contracting to Assure Supply: How to Share Demand Forecasts in a Supply Chain. Management Science, 2001, 47 (5).

[45] Van J. Coordinating Investment, Production and Subcontracting. Management Science, 1999, 45 (7).

[46] Huang Z. Co-op Advertising Models in Manufacture retailer Supply Chains: A Game Theory Approach. European Journal of Operational Research, 2001 (135).

[47] Brandenburger, Stuart A., Jr H. Value-Based Business Strategy. Journal of Economic Management Strategy, 1996, 5 (1).

[48] 何德忠，孟卫东. 期权博弈理论发展综述 [J]. 生产力研究，2007 (2).

[49] 袁惠英. 期权博弈综述 [J]. 现代商业，2007 (12).

[50] 段静静. 国内外期权博弈研究评述 [J]. 发展研究，2007 (9).

[51] Thijssen J., Huisman K. Strategic Investment under Uncertainty and Information Spillovers: [dissertation]. Tilburg: Tilburg University, 2001.

[52] Grenadier, Steven R. Option Exercise Games: An Application to the Equilibrium Investment Strategies of Firms. Review of Financial Studies, 2002, 15 (3).

[53] Pauli M., Keppo J. A Game model of Irreversible Investment Under Uncertainty. International Game Theory Review, 2002, 4 (2).

[54] Dean P., Pinto H. Competition Games in Duopoly Settings with Two Stochastic Factors. Working Paper, 2003.

[55] Smit H., Trigeorgis L. R&D Option Strategies. Working Paper, 1997.

[56] Kulatilaka, Nalin, Enrico C., Perotti. Strategic Growth Options. Management Science, 1998, 44 (8).

[57] 安瑛晖，张维. 期权博弈理论的方法模型分析与发展 [J]. 管理科学学报，2001，4 (1).

[58] 杨明，李楚霖. 双头博弈中 R&D 项目从者的投资期权 [J]. 青岛大学学报，2004 (17).

[59] 余冬平，邱菀华. R&D 投资决策的不对称双头垄断期权博弈模型 [J]. 系统工程，2005，23 (2).

[60] Black F. The Dividend Puzzle. Journal of Portolio Management, 1976.

[61] Bhattacharyao S. Imperfact Information Divident Policy and the Bird in the Hand Fallacy. Bell Journal of Economic, 1979, 10 (1).

[62] Ross S. The Ditermination of Financial Structure: The Incentive Signalling Approach. Bell Journal of Economica, 1977, 8 (1).

[63] Jesen, Meckling W. Theory of the Firm Managerial Agency Costs san Capital Structure. Journal of Financial Economics, 1976, 3 (4).

[64] Myers S., Majlfu. Corporate Financial and Investment Decisions When Firms Have Information that Investors Do not Have. Journal of Financial Economics, 1987, 13 (2).

[65] Aoki, Masahiko. A Model of the Firm as a Stockholder-employee Cooperative game. American Economic Review, 1980, 70 (4).

[66] 焦笑南. 公司治理博弈分析 [D]. 天津大学博士学位论文，2004.

[67] 刘康兴，李海. 关于博弈论在人力资源管理中的应用综述 [J]. 时代金融，2007 (4).

[68] 雷亚萍. 人力资源绩效评估中的博弈分析 [J]. 系统工程，2005，23 (8).

[69] 沙志成. 基于博弈论的发电厂竞价策略综述 [J]. 东方电气评论，2004，18 (4).

[70] Singh H. Introduction to Game Theory and Its Application in Electric Power Markets. IEEE Computer Applications in Power, 1999, 12 (4).

[71] 吴世勇. 基于博弈论的水电竞价策略研究 [D]. 四川大学博士学位论文，2006.

[72] Wen E., David S. Oligopoly Electricity Market Production under Incomplete Information. IEEE Power Engineering Review, 2001, 21 (4).

[73] Haili S., Chen-Ching L. Hash Equilibrium Bidding Strategies in a Bilateral Electricity Market. Transactions on Power Systems, 2002, 17 (1).

[74] 谢宏标，李家伟. 博弈论在 IPO 市场上的应用文献综述 [J]. 科技情报开发与经济，2008，18 (4).

[75] 邹斌. 我国上市公司并购方式的博弈分析 [D]. 西南财经大学博士学位论文，2006.

[76] 马畅，孙莹. 医药企业的营销博弈与博弈营销 [J]. 武汉理工大学学报（信息与管理工程版），2004，26 (4).

[77] 朱秀君，戚译. 从博弈论看营销渠道的冲突与合作 [J]. 商业经济与管理，2002 (4).

[78] 陈洁，何伟. 营销渠道经销商战略联盟动态和静态博弈形成机理比较 [J]. 上海交通大学学报，2006，40 (4).

[79] 陈洁，吕巍. 营销渠道战略联盟形成的博弈分析 [J]. 系统管理学报，2007，16 (1).

[80] Cavusoglu H., Mishra B., Raghunathan S. A Model for Evaluating IT Security Investments. Communications of the ACM, 2004, 47 (7).

[81] Kunreuther H., Heal G. Interdependent Security. Journal of Risk and Uncertainty, 2003, 26 (2-3).

[82] Varian H. System Reliability and Free Riding. Working paper, Economics of Information

Security, University of California, Berkeley, CA, 2004.

[83] Tanaka H., Matsuura K., Sudoh O. Vulnerability and Information Security Investment: An Empirical Analysis of E-local Government in Japan. Journal of Accounting and Public Policy, 2005, 24 (1).

[84] Grossklags J., Christin N., Chuang J. Secure or Insure? A Game-Theoretic Analysis of Information Security Games. Proceedings of the 17th International World Wide Web Conference, China, 2008.

[85] Jiang L., Anantharam V., Walrand J. Efficiency of Selfish Investment in Network Security. Proceedings of the 3rd International Workshop on Economics of Networked Systems, USA, 2008.

第4章 Chapter Four

创新保护中信息安全投资决策的博弈分析

本书利用有限策略博弈分析首先研究了创新保护中组织的信息安全投资决策问题。现实社会中，企业组织在进行信息安全投资决策时，不仅需要考虑自身的财务状况，而且由于互联时代组织间的各种关联，其他组织的信息安全投资决策也会对其产生重要影响，组织间的信息安全投资具有很强的策略依存性，由此需要建立组织间的信息安全投资决策博弈模型。

组织是否投资信息安全的决策属于有限策略博弈，因而利用有限策略博弈分析建立组织间的信息安全投资决策博弈模型。决策博弈模型中需要全面考虑信息安全投资所产生的价值效益，不仅要包括预防信息安全事故产生的直接价值效益，也要考虑信息安全投资为组织带来的提升品牌价值、增加组织声誉等间接价值效益。对博弈模型的均衡分析能够寻找到促使组织“投资”信息安全成为均衡结果的必要条件，并且可以通过仿真进行验证分析。在信息安全投资成本较高时，惩罚变量的引入有助于重新实现理想的纳什均衡。

4.1 创新保护中信息安全投资决策博弈模型的建立与基本假设

组织在进行创新保护中的信息安全投资在互联时代不仅与自身的投资成本相关，更依赖于其他组织的信息安全投资，组织间信息安全投资的相互依存性正是博弈论的基本特征，由此建立组织间的信息安全投资决策博弈模型。对于两组织信息安全投资决策博弈模型，针对“投资”及“不投资”两种策略下的成本收益建立组织的得益矩阵；对于多组织间信息安全投资决策博弈模型，通过未投资信息安全组织造成的外部性，进一步得出组织在投资与未投资信息安全两种情况下的期望得益。

4.1.1 两组织信息安全投资决策博弈模型

先考虑两个组织的信息安全投资决策博弈，由于其中一个组织投资与否的决策与另一组织的投资决策相互依存，利用得益矩阵建立两组织信息安全投资决策博弈模型。记 E 为组织的正常收益，其独立于信息安全投资的成本效益。C 代表组织投资信息安全的成本。由于信息安全投资不仅直接关系到组织的收益，还会通过影响组织商誉间接影响组织的整体收益[1]，所以选取 I 来体现组织投资信息安全带来的商誉无形资产。L 代表组织遭受的信息安全损失。在不考虑其他组织影响的情况下，独立组织发生信息安全事件的概率为 p，由于互联时代组织间的相互合作，一组织受其他组织病毒等传播的影响而遭受信息安全事件的概率设为 q，主要代表组织间的负外部性，即社会上某一组织的经济活动给其他组织带来的额外损失。

在两个组织都投资于信息安全的情况下，得益均为 $E-C+I$；在一组织投资而另一组织不投资的情况下，投资于信息安全的组织在成本效益 $E-C+I$ 的基础上还面临着组织间病毒传播而造成的损失 qL，qL 也正是相互依赖的组织之间的外部性，进而投资信息安全组织的总得益为 $E-C-qL+I$，而未投资的组织虽然没有投资成本 C，也没有受已投资信息安全组织的负外部性的影响，但却有自身发生信息安全事件的概率 p，从而其得益为 $E-pL$；在两个组织都不投资于信息安全的情况下，每个组织既面临着自身引起的安全风险 p，又面临着另一组织负外部性的影响 q，所以得益均为 $E-pL-(1-p)qL$。因此，两组织间的信息安全投资决策博弈模型如表 4.1 所示。

在此博弈模型中，得益函数全面考虑了包括提升组织品牌价值、增加组织声誉等非价值效益在内的组织所有得益，据此可以进行纯策略和混合策略纳什均衡分析。

表 4.1　两组织信息安全投资决策博弈模型

组织一	组织二	
	投资	不投资
投　资	E－C＋I, E－C＋I	E－C－qL＋I, E－pL
不投资	E-pL, E-C-qL+I	E－pL－(1－p)qL, E－pL－(1－p)qL

4.1.2　多组织信息安全投资决策博弈模型

现实情况中更多的是多组织间信息安全投资的博弈。在 n 个组织间的信息安全投资决策博弈中，假设有 s 个组织已经投资于信息安全，则对于其中某一个进行信息安全投资决策的组织而言，不会受到已经投资于信息安全的 s 个组织的外部性的影响，病毒传播等负的外部性来自于其余的 n－s－1 个组织。当损失由第一个未投资信息安全的组织引起时，外部性损失的值为 qL，由于损失的不可叠加性，第二个未投资组织产生的损失是在第一个组织未引起损失的前提下产生的，所以外部性损失值为（1－q）qL，依次类推，由这 n－s－1 个未投资信息安全组织造成的外部性总损失为

$$D = qL\sum_{t=0}^{n-s-2}\left[(1-q)^{t}\right] = \left[1-(1-q)^{n-s-1}\right]L \tag{4.1}$$

进而，一个组织投资于信息安全所获得的期望得益为组织的收益 E 减去信息安全投资的成本 C，以及受其他组织的负外部性的影响 D。此外，组织的信息安全投资还会为组织带来良好的商誉无形资产，产生正效益 I，因而投资信息安全的期望得益 R_i 为

$$R_i = E - C - D + I = E - C - \left[1-(1-q)^{n-s-1}\right]L + I \tag{4.2}$$

相反，如果未投资的话，则不会产生投资成本 C，却存在着自身遭受信息安全事件的风险损失 pL，外部性损失 D 保持不变，但由于是在组织自身未遭受风险损失的前提下，因而需要调整系数（1－p），从而期望得益为

$$R_n = E - pL - (1-p)D = E - pL - (1-p)\left[1-(1-q)^{n-s-1}\right]L \tag{4.3}$$

通过对进行信息安全投资决策的组织两种投资策略下期望得益的量化，可以更清晰地看出两种投资策略的优劣，将其进行对比分析能够找出组织投资信息安全的成本阈值，对影响成本阈值的因素进行分析讨论，可以得出组织信息安全投

资随其他组织信息安全投资的变化而变化的规律。

4.2 创新保护中信息安全投资决策博弈的均衡分析

对上述建立的两组织及多组织间基于创新保护的信息安全投资决策博弈模型进行均衡分析，可以找出每个博弈方针对其他博弈方策略或策略组合的最佳对策，从而得到最具有稳定性的策略组合。通过投资决策博弈的均衡分析，能够寻找到促使组织“投资”信息安全成为均衡结果的必要条件，为促进信息安全投资提供策略建议。

4.2.1 两组织信息安全投资决策博弈的均衡分析

对于两组织创新保护的信息安全投资决策博弈的得益矩阵进行纯策略纳什均衡分析和混合策略纳什均衡分析。

在纯策略纳什均衡分析中，两组织取得（投资，投资）为博弈均衡的充分必要条件为无论对方策略为何，投资策略较不投资策略而言都是最优策略[2]，即

$$\begin{cases} E - C + I > E - pL \\ E - C - qL + I > E - pL - (1 - p)qL \end{cases} \tag{4.4}$$

解之，得

$$\begin{cases} C < pL + I \\ C < p(1 - q)L + I \end{cases} \tag{4.5}$$

在混合策略纳什均衡分析中，两博弈方以一定的概率分布在可选策略中随机选择决策方式，所有混合策略构成了混合策略的策略空间[3]。令 x_1 为组织一选择投资的概率，x_2 为选择不投资的概率。基于组织一与组织二的对称性，只讨论组织一的混合策略。组织一的混合策略 x_1 和 x_2 必须使得组织二两策略的期望得益相等，即

$$x_1(E - C + I) + x_2(E - C - qL + I) = x_1(E - pL) + x_2[E - pL - (1 - p)qL] \tag{4.6}$$

解得

$$x_2 = \frac{pL - C + I}{pqL} \tag{4.7}$$

因而，

$$x_1 = 1 - \frac{pL - C + I}{pqL} = \frac{C - I - p(1-q)L}{pqL} \tag{4.8}$$

将两组织纯策略与混合策略纳什均衡进行比较，由于混合策略中的 $0 \leqslant x_1 = \frac{C - I - p(1-q)L}{pqL} \leqslant 1$，因而 $p(1-q)L + I \leqslant C \leqslant pL + I$，对比纯策略纳什均衡 $\begin{cases} C < pL + I \\ C < p(1-q)L + I \end{cases}$ 可以看出，在混合策略以概率 1 趋近于投资信息安全，即 x_1 趋近于 1 时，C 趋近于 pL+1，与纯策略分析中的纳什均衡一致；而当 x_1 趋近于 0，即倾向于以概率 1 不投资信息安全时，$C \geqslant p(1-q)L + I$，恰与“投资”的纯策略纳什均衡 $C < p(1-q)L + I$ 完全相反，由此说明纯策略与混合策略纳什均衡分析是一致的。

由此可以得出，在两组织信息安全投资决策博弈中，要促使投资为博弈均衡的充分必要条件是 $\begin{cases} C < pL + I \\ C < p(1-q)L + I \end{cases}$。这就对信息安全的投资成本提出了一定的要求，当投资成本不能满足这一要求时，具有完全理性的组织必然会选择不投资信息安全的策略，这无论是对组织还是社会而言都是相当危险的。当信息安全投资成本不能满足这一要求时，惩罚变量的引入就可以帮助组织重新实现理想的投资均衡。

惩罚变量是组织在不投资信息安全情况下所遭受的额外损失，这种惩罚可以来自违背法律法规所必须承担的代价，也可以是由于不投资信息安全而导致的商誉等无形资产的减损。

在引入惩罚变量的情况下，如果组织不投资信息安全就会遭受相应的惩罚，将惩罚变量设为 P_1，则加入惩罚变量的两组织信息安全投资决策博弈模型如表 4.2 所示。

在对带惩罚变量的两组织信息安全投资决策博弈模型的均衡分析中，两组织都选择投资于信息安全策略的充分必要条件为

$$\begin{cases} E - C + I > E - pL - P_1 \\ E - C - qL + I > E - pL - (1-p)qL - P_1 \end{cases} \tag{4.9}$$

表 4.2　带惩罚变量的两组织信息安全投资决策博弈模型

组织一	组织二	
	投资	不投资
投资	$E-C+I$, $E-C+I$	$E-C-qL+I$, $E-pL-P_1$
不投资	$E-pL-P_1$, $E-C-qL+I$	$E-pL-(1-p)qL-P_1$, $E-pL-(1-p)qL-P_1$

化简可得

$$\begin{cases} P_1 > C - I - pL \\ P_1 > C - I - pL + pqL \end{cases} \tag{4.10}$$

进一步可得

$$P_1 > C - I - pL + pqL \tag{4.11}$$

此结果揭示，当两组织信息安全投资博弈中的投资成本不满足

$$C < p(1-q)L + I \tag{4.12}$$

时，可以设法使得惩罚变量

$$P_1 > C - I - pL + pqL \tag{4.13}$$

来促使组织选择投资信息安全的策略。可见，惩罚变量的引入解决了投资成本较高情况下组织投资信息安全的问题。

4.2.2　多组织信息安全投资决策博弈的均衡分析

在多组织的情况中，要使信息安全投资成为最优均衡策略，必须使得投资信息安全的期望得益大于不投资的期望得益，也就是说，

$$R_i = E - C - [1-(1-q)^{n-s-1}]L + I > R_n = E - pL - (1-p)[1-(1-q)^{n-s-1}]L \tag{4.14}$$

化简后可得

$$C < p(1-q)^{n-s-1}L + I \tag{4.15}$$

设

$$U = p(1-q)^{n-s-1}L + I \tag{4.16}$$

由数学表达式可知，U 与 s 正相关，与 q 和 n 负相关。实际上，数学推导得出的结论恰恰证明了现实世界中的客观情况。当代表已投资信息安全的组织数量 s 增加时，投资信息安全的约束成本变松，组织更倾向投资于信息安全，从而带动更多的组织进行投资，呈现出越来越多的组织倾向于投资信息安全的态势。而

当因病毒传播等组织间负的外部性 q 增加时，投资成本的约束条件变紧，必然减少组织投资于信息安全的动力，从而降低组织的投资意愿。类似地，当整体的组织数量 n 增加时，对特定组织而言，其面临的负的外部性也随之增加，因而也限制了组织投资信息安全的动机，组织更不愿意对信息安全进行投资。

4.3 创新保护中两组织信息安全投资决策博弈的算例及应用分析

下面以某两组织为例，对两组织创新保护中的信息安全投资决策的有限策略博弈分析方法进行验证，并简单说明其应用。

组织一与组织二是正在进行信息安全投资决策的同类型组织。组织的正常收益 E 为 30 万元，该收益是独立于信息安全投资的成本效益。信息安全投资为组织带来的商誉无形资产 I 为 2 万元。组织在遭遇信息安全事件时所遭受的信息安全损失为 20 万元。在不考虑其他组织影响的情况下，组织一与组织二各自发生信息安全事件的概率 p 为 0.4。但由于互联时代组织之间紧密的联系与合作，组织一投资信息安全只能保证自身不直接受到信息安全攻击，但仍然有可能受组织二病毒传播等影响间接引发信息安全事件，组织二同理，这种防守方组织之间负的外部性 q 设为 0.2。由此建立两组织信息安全投资博弈模型，并进行均衡分析。

根据前面的分析与推导，将以上数据代入两组织信息安全投资决策博弈模型，则该两组织的信息安全投资决策博弈模型如表 4.3 所示。

表 4.3 两组织信息安全投资决策博弈模型算例

组织一	组织二	
	投资	不投资
投　资	32 – C，32 – C	28 – C，22
不投资	22，28 – C	19.6，19.6

据此，可以对这两个组织信息安全投资决策博弈进行均衡分析。两组织取得（投资，投资）为博弈均衡的充分必要条件为无论对方策略为何，投资策略较不投资策略而言都是最优策略，将算例中的具体数据代入式（4.4），可得

$$\begin{cases}32-C>22\\28-C>19.6\end{cases} \tag{4.17}$$

化简可得

$$C<8.4\text{（万元）} \tag{4.18}$$

这说明当信息安全投资成本小于 8.4 万元时，两组织博弈的结果为各自都进行信息安全投资，实现了理想的稳定均衡。

但是，当信息安全投资成本高于 8.4 万元，设为 10 万元时，理性的博弈方必然不会选择信息安全投资策略，因此（投资，投资）的博弈均衡必然不会实现。为了解决这种投资成本较高时的信息安全投资促进策略，可以引入惩罚变量 P_1。这种惩罚变量是组织不投资信息安全所遭受的额外损失，它可以来自违背法律法规所必须承担的代价，也可以是由于不投资信息安全而导致的商誉无形资产的减损。加入惩罚变量的两组织信息安全投资决策博弈模型如表 4.4 所示。

表 4.4　带惩罚变量的两组织信息安全投资决策博弈模型算例

组织一	组织二	
	投　资	不投资
投　资	$32-C$，$32-C$	$28-C$，$22-P_1$
不投资	$22-P_1$，$28-C$	$19.6-P_1$，$19.6-P_1$

在对带惩罚变量的两组织信息安全投资决策博弈模型的均衡分析中，两组织都选择投资于信息安全策略的充分必要条件为

$$\begin{cases}E-C+I>E-pL-P_1\\E-C-qL+I>E-pL-(1-p)qL-P_1\end{cases} \tag{4.19}$$

根据式（4.13），进一步可推导出

$$P_1>C-8.4$$

将较高的信息安全投资成本 10 万元代入，可以求得惩罚变量至少为 1.6 万元。可见，惩罚变量的引入能够起到填补信息安全投资成本缺口的作用，因而在信息安全投资成本较高时有助于实现（投资，投资）的理想均衡，起到促进信息安全投资的重要作用。

4.4 创新保护中多组织信息安全投资决策博弈的仿真分析

命题 1：多组织间信息安全投资决策博弈中，在其他条件不变的情况下，阈值 $U = p(1-q)^{n-s-1}L + I$ 与系统中的组织总数 n 负相关，与组织系统中已经投资信息安全的组织数量 s 正相关。

当组织总数 n 增加时，在单个组织的 p 和 q 一定的情况下，组织间总的负外部性必然增加，组织间的这种消极影响大大抵消了投资信息安全给组织所带来的正效益，进而组织更不愿意进行信息安全投资。考虑到现实世界中各种行业类型的独立组织发生信息安全事件的安全风险存在差异，金融等经济行业面临的安全风险较高，而非营利性组织面临的风险则相对较小，并且组织间合作的关联程度不尽相同，因而一个组织受其他组织病毒等传播的影响而遭受信息安全事件的概率也因组织的不同而存在差异，因此在仿真模拟中，综合不同行业类型的组织差异，并协调组织投资信息安全带来的商誉等无形资产和组织遭受的信息安全损失的关系，选取接近现实情况的参数值 $p = 0.4$，$q = 0.2$，$L = 20$，$I = 2$，$s = 11$，对 $U = p(1-q)^{n-s-1}L + I$ 与 n 的关系进行仿真模拟，结果如图 4.1 所示。

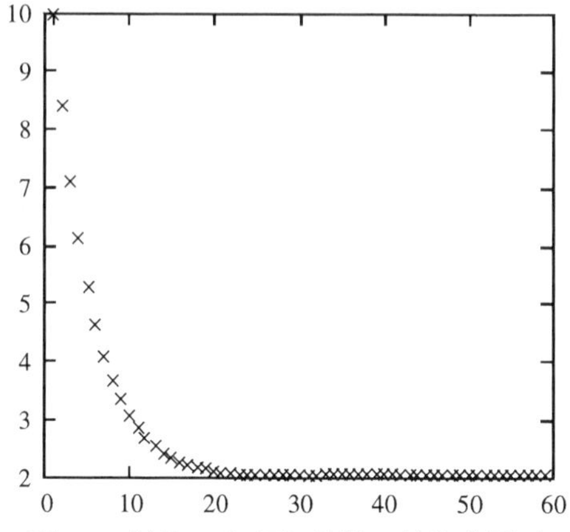

图 4.1 阈值 U 与组织总数 n 的仿真图形

在图 4.1 中，横坐标代表系统中的组织总数 n，纵坐标代表阈值 U。随着 n 的增加，阈值 U 逐渐递减，也就是成本 C 的约束条件逐渐变紧，从而组织更不倾向于投资信息安全，阈值 U 与 n 呈负相关变化。

当组织系统中已经投资信息安全的组织数量 s 增加时，在 n 不变的情况下，未投资信息安全的组织数必然减少，而单个组织的 q 不变，因而未投资信息安全组织带来的总的负外部性随之减少，同时已经投资于信息安全的组织带来的示范效应也会增加组织投资信息安全的倾向性，从而成本 C 的约束变松，组织有更充分的理由选择投资信息安全。取 $p=0.4$，$q=0.2$，$L=20$，$I=2$，$n=70$，阈值 U 与 s 的仿真结果如图 4.2 所示。

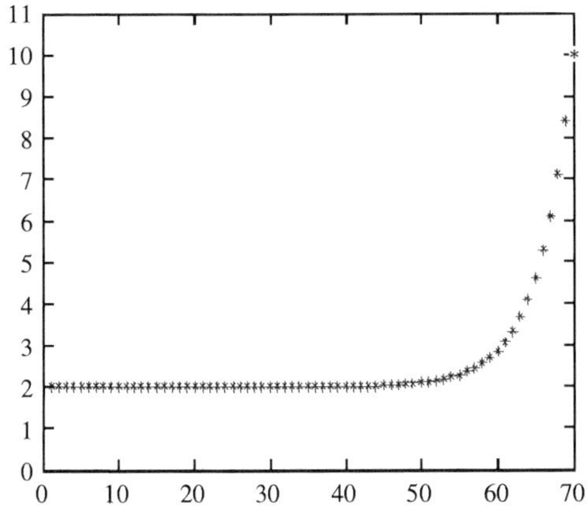

图 4.2　阈值 U 与已投资信息安全的组织数量 s 的仿真图形

在图 4.2 中，横坐标代表已经投资信息安全的组织数量 s，纵坐标代表阈值 U。随着 s 的增加，阈值 U 也逐渐变大，二者呈现出正相关的变化关系。同时，已经投资于信息安全的组织数量 s 越多，其他组织进行此项投资的意愿也更强烈，体现了信息安全投资的良性循环。

命题 2：多组织间信息安全投资决策博弈中，在其他条件不变的情况下，阈值 $U=p(1-q)^{n-s-1}L+I$ 与组织间的负外部性 q 负相关，随着 q 的增加，阈值 U 减小，组织更倾向于不投资信息安全，反之亦然。

当组织间的负外部性增加时，组织间的消极影响增大，组织之间的病毒传播等原因在很大程度上降低了组织保护自身的信息安全投资动机。取 $p=0.4$，$L=20$，$I=2$，$n=70$，$s=59$，阈值 $U=p(1-q)^{n-s-1}L+I$ 与 q 的仿真结果如图 4.3 所示。

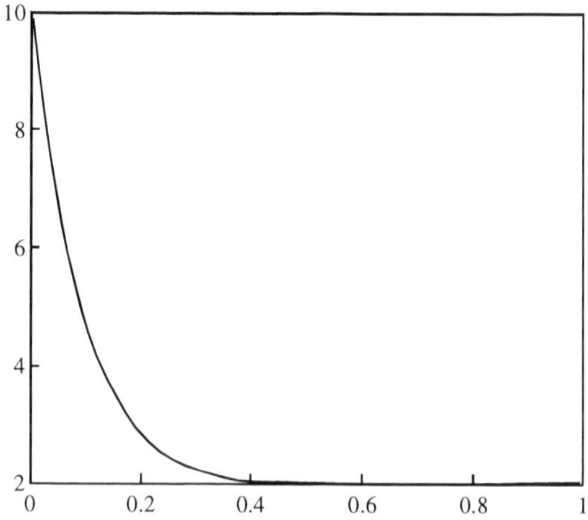

图 4.3　阈值 U 与负外部性 q 的仿真图形

在图 4.3 中，横坐标代表组织间的负外部性 q，纵坐标代表阈值 U。图 4.3 清晰地呈现了 U 与 q 负相关的关系。

对于 U 与 q 的负相关性，也可以通过命题 1 中阈值 U 与 n 及 s 的仿真得到验证。当 p = 0.4，L = 20，I = 2，s = 11 时，对比 q = 0.2 和 q = 0.05 两种情况，阈值 U 与 n 的仿真结果如图 4.4 所示。

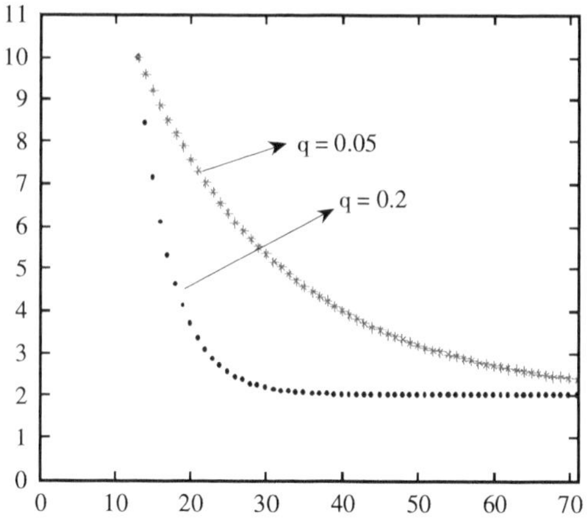

图 4.4　q = 0.2 和 q = 0.05 的 U 与 n 对比仿真

在图 4.4 中，q = 0.05 的曲线明显高于 q = 0.2 的曲线，模拟结果与命题 2 完全一致。

同样的，当 p = 0.4，L = 20，I = 2，n = 70 时，仿真 q = 0.2 和 q = 0.05 两种

情况下的阈值 U 与 s 仿真结果如图 4.5 所示。

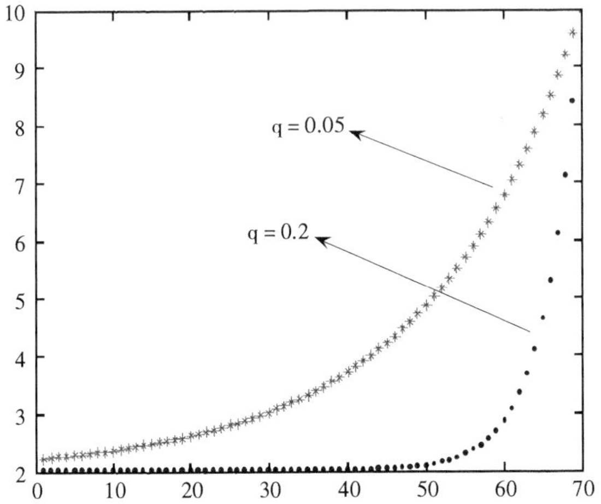

图 4.5　q = 0.2 和 q = 0.05 的 U 与 s 对比仿真

在图 4.5 中，q=0.05 的曲线同样明显高于 q=0.2 的曲线，仿真结果进一步验证了命题 2 的正确性。可见，为了保护组织的信息安全，促进信息安全投资，有效降低组织间负外部性的影响是十分必要的。对负外部性问题进行扩展，在电力、民航、海关、税务、铁道、银行、证券、保险以及电信和广电（简称“8+2”）的重要部门中，各部门之间的信息安全策略也有着显著的策略依存性，为了尽可能消除负外部性的不良影响，各部门组织都必须进行有效的信息安全投资，才能确保本部门及其他重要部门的信息安全。此外，由于国内很多部门组织的计算机操作系统和其他软硬件设备来自进口，除了组织间病毒传播的负外部性问题外，还需要特别警惕 Windows、路由器、服务器等进口设备的后门问题，以保护组织的信息安全。

4.5 小　结

本章主要运用博弈理论研究了创新保护中组织的信息安全投资决策，结合仿真分析对组织间的信息安全投资决策博弈进行了系统研究。建立了两组织及多组织间的信息安全投资决策博弈模型，对于两组织信息安全投资决策博弈模型进行了纯策略和混合策略纳什均衡分析，均衡结果的对比显现出两种纳什均衡分析的一致性。在信息安全投资成本较高时，可以引入惩罚变量来重新实现理想的纳什均衡。并且，通过算例简要说明两组织信息安全投资的决策博弈。在建立的多组织间的信息安全投资决策博弈模型中，对影响成本阈值的组织总数、已经投资于信息安全的组织数量以及组织间的负外部性等因素进行了详细讨论，提出了多组织信息安全投资的两项命题，并进行仿真验证。

参考文献

[1] Neubauer T., Klemen M., Biffl S. Business Process-based Valuation of IT-Security. ACM SIGSOFT Software Engineering Notes, 2005, 30 (4).

[2] Osborne M., Rubinstein A. A Course in Game Theory. Beijing: China Social Sciences Press, 2000.

[3] 谢识予. 经济博弈论［M]. 上海：复旦大学出版社，2004.

第5章 Chapter Five

创新保护中信息安全投资额度的博弈分析

组织在创新保护中进行信息安全投资决策的博弈分析之后，就需要根据组织的内外条件确定信息安全的具体投资额度。投资不足无法保证信息的安全，而投资过多又会造成不必要的浪费，合理的信息安全投资额度是保证信息安全技术发挥最大效能的关键。信息安全投资的具体额度属于无限策略博弈，进而需要通过无限策略博弈的均衡分析解决信息安全的投资额度问题。本章首先建立组织信息安全投资额度的博弈模型，然后求出组织的反应函数，根据反应函数法进行博弈的均衡分析。模型中关系参数 a 的变化反映了两组织间关系的变化，当 $0<a\leqslant 1$ 时，两组织为防守博弈；当 $a=0$ 时，两组织互不相关；当 $-1\leqslant a<0$ 时，博弈则演化为攻防博弈，进而根据关系参数 a 取值的不同情况分别求出博弈的纳什均衡。对于 $-1\leqslant a<0$ 时的攻防博弈，推导出防守方的均衡成本 c_1^* 与关系参数 a 呈负相关关系的命题，并进行仿真验证。通过算例简要说明了组织信息安全投资额度的博弈分析。分析结果不仅解释了现实世界中的信息安全投资，而且为组织的信息安全投资额度提供了有益的指导。

5.1 创新保护中信息安全投资额度博弈模型的建立与基本假设

组织间信息安全投资的相互依存性符合无限策略博弈的基本特征，根据现实中组织间的相互关系创建关系参数 a，$-1 \leqslant a \leqslant 1$，反映了组织关系及相应的博弈类型的转换。当 $0 < a \leqslant 1$ 时，两组织为防守博弈，$a=1$ 时组织之间的防守合作关系最显著；当 $a=0$ 时，两组织互不相关，组织的投资决策仅仅取决于自身的成本收益；当 $-1 \leqslant a < 0$ 时，博弈则演化为攻防博弈，$a=-1$ 时的抵消关系最显著。基于关系参数 a 建立组织间的信息安全投资博弈模型。

假设两个组织为风险中立的组织，记组织一的得益为 u_1，组织二的得益为 u_2，组织一投资信息安全的预期收益为 E_1，组织二的预期收益为 E_2，S 为成本效用的概率函数，c_1 为组织一的信息安全投资成本，c_2 为组织二的投资成本，参数 a 代表两组织间的关系。

组织一的得益函数为组织一投资信息安全后的实际收益减去组织一的实际投资成本 c_1，而信息安全投资的实际收益等于无风险下的预期收益 E_1 乘以实际的投资效果系数，即成本效用的概率函数 S，其中 $0 \leqslant S \leqslant 1$。成本效用的概率函数 S 则是组织一的投资成本 c_1 在组织二成本 c_2 影响下的增函数，这种影响的具体程度通过组织间的关系参数 a 体现出来。当 $0 < a \leqslant 1$ 时，组织二对于组织一是正向影响，两组织为防守博弈关系；当 $a=0$ 时，组织一不受组织二的任何影响，得益只与自身的成本和预期收益相关；当 $-1 \leqslant a < 0$ 时，组织二对于组织一产生了负向影响，说明组织二从原来的防守方转换成为攻击方，两组织间的博弈也由原来的防守博弈转换成为攻防博弈。组织二的得益函数与组织一类似。由此建立组织信息安全投资博弈模型如下：

$$\begin{cases} u_1 = E_1 S(c_1 + ac_2) - c_1 \\ u_2 = E_2 S(c_2 + ac_1) - c_2 \end{cases} \tag{5.1}$$

根据边际效用递减规律，S 的二阶导数小于 0。

5.2 创新保护中信息安全投资额度博弈的均衡分析

对于组织信息安全投资博弈模型，博弈均衡随着反映两组织关系的模型参数 a 的变化而变化，a 的取值直接影响投资博弈的均衡结果。下面分 $a=1$、$0<a<1$、

$a=0$、$-1<a<0$ 和 $a=-1$ 五种情况进行博弈的均衡分析。其中，$a=1$、$0<a<1$、$-1<a<0$ 和 $a=-1$ 反映了存在外界博弈方情况下的投资均衡，而 $a=0$ 的分析结果反映了组织在不受外界影响的情况下自身的投资决策。

5.2.1 a = 1 时的投资额度博弈均衡

当 $a=1$ 时，两组织的防守联合关系最为密切，相互之间的影响最显著。$a=1$ 时两组织的投资博弈模型为

$$\begin{cases} u_1 = E_1S(c_1 + c_2) - c_1 \\ u_2 = E_2S(c_2 + c_1) - c_2 \end{cases} \tag{5.2}$$

在此模型中，得益是策略的多元连续函数，进而可以根据反应函数法，先求出每个博弈方针对其他博弈方策略的最佳反应构成的函数，即反应函数，然后求解各博弈方反应函数的交点，这个交点就是组织信息安全投资博弈的纳什均衡。在纳什均衡的情况下，每个博弈方的策略都是针对其他博弈方策略的最佳对策。信息安全投资博弈的纳什均衡表明，在均衡状态下，两组织都不会单方面改变自己的决策，选择均衡点之外的其他成本策略只会给自己带来更少的收益，所以纳什均衡点的成本策略是组织的最佳投资额度。

在此模型的纳什均衡求解过程中，根据反应函数法，先求出组织一与组织二的反应函数。对于组织一的反应函数，应对组织二的任意成本 c_2，组织一的最佳成本 c_1 就是使自己在组织二投资成本 c_2 的情况下得益最大化的成本，即最佳成本 c_1 是如下最大化问题的解：

$$\max_{c_1} u_1 = \max_{c_1} \left[E_1S(c_1 + c_2) - c_1 \right] \tag{5.3}$$

对式（5.3）进行求解，令得益 u_1 对成本 c_1 的导数等于 0，即

$$\frac{\partial u_1}{\partial c_1} = \frac{\partial [E_1 S(c_1 + c_2) - c_1]}{\partial c_1} = E_1S'_{c_1}(c_1 + c_2) - 1 = 0 \tag{5.4}$$

化简可得

$$S'_{c_1}(c_1 + c_2) = \frac{1}{E_1} \tag{5.5}$$

设函数 S 导数的反函数为 T，则组织一对组织二投资成本的反应函数为

$$c_1 = T\left(\frac{1}{E_1}\right) - c_2 \tag{5.6}$$

同理可得组织二对组织一投资成本的反应函数为

$$c_2 = T\left(\frac{1}{E_2}\right) - c_1 \tag{5.7}$$

博弈方反应函数的交点就是纳什均衡 [1]。当组织一的预期收益 E_1 大于组织二的预期收益 E_2 时，则 $T\left(\frac{1}{E_1}\right)$大于 $T\left(\frac{1}{E_2}\right)$，从而纳什均衡为

$$\begin{cases} c_1^* = T\left(\frac{1}{E_1}\right) \\ c_2^* = 0 \end{cases} \tag{5.8}$$

将两组织的反应函数在坐标图中表示出来，如图 5.1 所示。

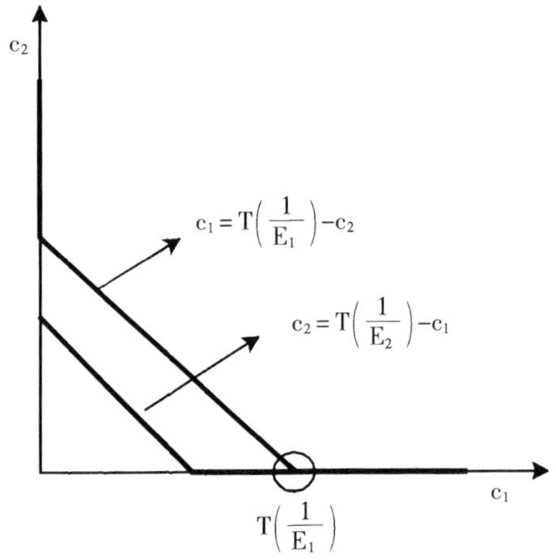

图 5.1　a = 1 时博弈模型的反应函数

相反，当组织二的预期收益 E_2 大于组织一的预期收益 E_1 时，纳什均衡为

$$\begin{cases} c_1^* = 0 \\ c_2^* = T\left(\frac{1}{E_2}\right) \end{cases} \tag{5.9}$$

当 $a=1$ 时，该纳什均衡结果与 Hal R. Varian 在 *System Reliability and Free Riding* [2] 一文中的结果是一致的，即在两组织相互合作关系最显著的情况下，均衡结果为预期收益高的组织投资信息安全，另一组织则会“搭便车”。虽然本书与 *System Reliability and Free Riding* 的研究方法不同，但殊途同归。不过 Hal R. Varian 的研究仅限于此。本书接下来将对 $-1 \leq a < 1$ 的现实中两组织关系的大多数情况进行研究。

5.2.2 0<a<1时的投资额度博弈均衡

当 $0<a<1$ 时，两组织的关系仍为相互依存，博弈类型为防守博弈。这时的投资博弈模型为

$$\begin{cases} u_1 = E_1S(c_1 + ac_2) - c_1 \\ u_2 = E_2S(c_2 + ac_1) - c_2 \end{cases} \tag{5.10}$$

由于此时投资博弈模型中的关系参数 a 不再是常量 1，而是介于 0 与 1 之间的变量，所以反应函数与纳什均衡较 $a=1$ 时复杂。

此情况下的纳什均衡是以下最大化问题的解：

$$\begin{cases} \max\limits_{c_1} u_1 = \max\limits_{c_1} [E_1S(c_1 + ac_2) - c_1] \\ \max\limits_{c_2} u_2 = \max\limits_{c_2} [E_2S(c_2 + ac_1) - c_2] \end{cases} \tag{5.11}$$

为了推导出反应函数，分别令得益 u_1 对成本 c_1 的导数等于 0，得益 u_2 对成本 c_2 的导数等于 0，即

$$\begin{cases} \dfrac{\partial u_1}{\partial c_1} = \dfrac{\partial[E_1S(c_1 + ac_2) - c_1]}{\partial c_1} = E_1 S'_{c_1}(c_1 + ac_2) - 1 = 0 \\ \dfrac{\partial u_2}{\partial c_2} = \dfrac{\partial[E_2S(c_2 + ac_1) - c_2]}{\partial c_2} = E_2 S'_{c_2}(c_2 + ac_1) - 1 = 0 \end{cases} \tag{5.12}$$

通过化简和函数取反等方法可得两组织的反应函数为

$$\begin{cases} c_1 = T\left(\dfrac{1}{E_1}\right) - ac_2 \\ c_2 = T\left(\dfrac{1}{E_2}\right) - ac_1 \end{cases} \tag{5.13}$$

相应的坐标图形如图 5.2 所示。

在两个反应函数对应的两条直线上，只有它们的交点代表的成本组合，才是由相互对对方的最佳反应成本构成的。组织一的反应函数 $c_1 = T\left(\frac{1}{E_1}\right) - ac_2$ 直线上的其他所有点（c_1，c_2）只有组织一的成本 c_1 是对组织二成本 c_2 的最佳反应，组织二的成本 c_2 不是对组织一成本 c_1 的最佳反应。而组织二的反应函数 $c_2 = T\left(\frac{1}{E_2}\right) - ac_1$ 直线上的点恰好相反，即组织二的反应函数 $c_2 = T\left(\frac{1}{E_2}\right) - ac_1$ 直线上的其他所有点（c_1，c_2）只有组织二的成本 c_2 是对组织一成本 c_1 的最佳反应，组

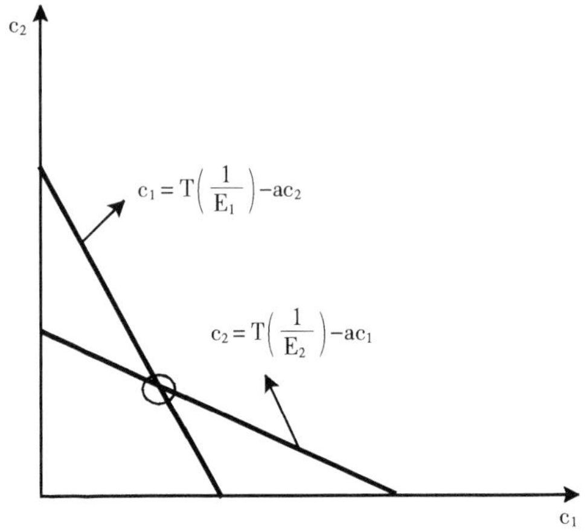

图 5.2　0 < a < 1 时博弈模型的反应函数

织一的成本 c_1 不是对组织二的成本 c_2 的最佳反应。所以只有两条直线的交点代表的成本组合既是组织一成本 c_1 对组织二成本 c_2 的最佳反应，又是组织二成本 c_2 对组织一成本 c_1 的最佳反应，也就是投资博弈模型的纳什均衡。

求解得出当 0<a<1 时组织信息安全投资博弈模型的纳什均衡解为

$$\begin{cases} c_1^* = \dfrac{T\left(\dfrac{1}{E_1}\right) - aT\left(\dfrac{1}{E_2}\right)}{1 - a^2} \\ c_2^* = \dfrac{T\left(\dfrac{1}{E_2}\right) - aT\left(\dfrac{1}{E_1}\right)}{1 - a^2} \end{cases} \tag{5.14}$$

5.2.3　a = 0 时的投资额度博弈均衡

当 a = 0 时，投资博弈模型简化为

$$\begin{cases} u_1 = E_1S(c_1) - c_1 \\ u_2 = E_2S(c_2) - c_2 \end{cases} \tag{5.15}$$

此时关系参数 a = 0 意味着两组织互不相关，各组织不受外界环境的影响，投资决策是组织自身成本效益的分析结果。模型中两组织的收益只与自身相关，分别令组织一的得益 u_1 对组织一的成本 c_1 的导数等于 0，组织二的得益 u_2 对组织二的成本 c_2 的导数等于 0，则

$$\begin{cases} \dfrac{du_1}{dc_1} = \dfrac{d[E_1S(c_1) - c_1]}{dc_1} = E_1S'(c_1) - 1 = 0 \\ \dfrac{du_2}{dc_2} = \dfrac{d[E_2S(c_2) - c_2]}{dc_2} = E_2S'(c_2) - 1 = 0 \end{cases} \tag{5.16}$$

化简可得

$$\begin{cases} S'(c_1) = \dfrac{1}{E_1} \\ S'(c_2) = \dfrac{1}{E_2} \end{cases} \tag{5.17}$$

设函数 S 导数的反函数为 T，当 $a = 0$ 时投资博弈模型的纳什均衡为

$$\begin{cases} c_1^* = T\left(\dfrac{1}{E_1}\right) \\ c_2^* = T\left(\dfrac{1}{E_2}\right) \end{cases} \tag{5.18}$$

可见，由于关系参数 $a = 0$，均衡结果与其他组织无关，而只与自身的预期收益 E 相关。

5.2.4 $-1 < a < 0$ 时的投资额度博弈均衡

当$-1 < a < 0$ 时，说明两组织是此消彼长的抵消关系，从而两组织由原来的防守博弈演化为攻防博弈。博弈模型为

$$\begin{cases} u_1 = E_1S(c_1 + ac_2) - c_1 \\ u_2 = E_2S(c_2 + ac_1) - c_2 \end{cases} \tag{5.19}$$

根据反应函数法求出的纳什均衡为

$$\begin{cases} c_1^* = \dfrac{T\left(\dfrac{1}{E_1}\right) - aT\left(\dfrac{1}{E_2}\right)}{1 - a^2} \\ c_2^* = \dfrac{T\left(\dfrac{1}{E_2}\right) - aT\left(\dfrac{1}{E_1}\right)}{1 - a^2} \end{cases} \tag{5.20}$$

此时，由于

$$\begin{cases} c_1 + ac_2 = T\left(\dfrac{1}{E_1}\right) \\ c_2 + ac_1 = T\left(\dfrac{1}{E_2}\right) \end{cases} \tag{5.21}$$

所以

$$\begin{cases} T\left(\frac{1}{E_1}\right) \geqslant 0 \\ T\left(\frac{1}{E_2}\right) \geqslant 0 \end{cases} \tag{5.22}$$

防守方的均衡结果 $c_1^* = \frac{T\left(\frac{1}{E_1}\right) - aT\left(\frac{1}{E_2}\right)}{1 - a^2}$，对 a 求导，可得

$$c_1^{*\prime} = \frac{-T\left(\frac{1}{E_2}\right)a^2 + 2T\left(\frac{1}{E_1}\right)a - T\left(\frac{1}{E_2}\right)}{(1 - a^2)^2} \tag{5.23}$$

设

$$y = -T\left(\frac{1}{E_2}\right)a^2 + 2T\left(\frac{1}{E_1}\right)a - T\left(\frac{1}{E_2}\right) \tag{5.24}$$

当 $T\left(\frac{1}{E_2}\right) > 0$ 时，则 y 为开口向下的一元二次抛物线，顶点横坐标 $a_0 = \frac{T\left(\frac{1}{E_1}\right)}{T\left(\frac{1}{E_2}\right)} > 0$，$y_{a=0} = -T\left(\frac{1}{E_2}\right) < 0$，进而当 $T\left(\frac{1}{E_2}\right) > 0$ 时，$y_{-1<a<0} < 0$。

当 $T\left(\frac{1}{E_2}\right) = 0$ 时，$y = 2T\left(\frac{1}{E_1}\right)a$，则 $y_{-1<a<0} < 0$。又当 $-1 < a < 0$ 时，$(1 - a^2)^2 > 0$，从而，当 $-1 < a < 0$ 时，$c_1^{*\prime} < 0$，所以，防守方的投资均衡 $c_1^* = \frac{T\left(\frac{1}{E_1}\right) - aT\left(\frac{1}{E_2}\right)}{1 - a^2}$ 与关系参数 a 呈负相关关系，c_1^* 随 a 的增大而逐渐减小，随 a 的减小而逐渐增大。这种规律可以很好地解释现实世界中的情况，当关系参数 a 逐渐增加，趋近于 0 时，攻击方对于防守方的影响逐渐变弱，在保证信息足够安全的情况下，组织可以适当缩减信息安全投资成本；当关系参数 a 减小，即趋近于 -1 时，攻防的抵消关系明显加强，攻击方对于防守方的影响增加，从而防守方必须增加信息安全投资成本，以保证组织的信息安全。下面将对该规律进行仿真验证。

5.2.5 a = −1 时的投资额度博弈均衡

当关系参数 $a = -1$ 时，若 $c_1 > c_2$，则组织信息安全投资博弈模型相应地成为

$$\begin{cases} u_1 = E_1 S(c_1 - c_2) - c_1 \\ u_2 = -c_2 \end{cases} \tag{5.25}$$

对于组织一，令组织一的得益 u_1 对其投资成本 c_1 的导数等于 0，设函数 S 导数的反函数为 T，可以求得组织一的成本 c_1 对组织二的成本 c_2 的最佳反应 $c_1 = T\left(\frac{1}{E_1}\right) + c_2$；而对于组织二，由于 $u_2 = -c_2$，组织二的得益与其自身成本 c_2 负相关，当 $c_2 = 0$ 时，得益 u_2 取得最大值 0，从而两组织的纳什均衡为

$$\begin{cases} c_1^* = T\left(\frac{1}{E_1}\right) \\ c_2^* = 0 \end{cases} \tag{5.26}$$

同理，$c_2 > c_1$ 时的纳什均衡为

$$\begin{cases} c_1^* = 0 \\ c_2^* = T\left(\frac{1}{E_2}\right) \end{cases} \tag{5.27}$$

综合 $a = 1$、$0 < a < 1$、$a = 0$、$-1 < a < 0$ 和 $a = -1$ 五种情况下组织的均衡结果，列表如下：

表 5.1　组织在五种情况下的均衡结果

关系参数 a	组织一	组织二
a=1	$c_1^* = T\left(\frac{1}{E_1}\right)$	$c_2^* = 0$
	$c_1^* = 0$	$c_2^* = T\left(\frac{1}{E_2}\right)$
$0 < a < 1$	$c_1^* = \frac{T\left(\frac{1}{E_1}\right) - aT\left(\frac{1}{E_2}\right)}{1 - a^2}$	$c_2^* = \frac{T\left(\frac{1}{E_2}\right) - aT\left(\frac{1}{E_1}\right)}{1 - a^2}$
$a = 0$	$c_1^* = T\left(\frac{1}{E_1}\right)$	$c_2^* = T\left(\frac{1}{E_2}\right)$
$-1 < a < 0$	$c_1^* = \frac{T\left(\frac{1}{E_1}\right) - aT\left(\frac{1}{E_2}\right)}{1 - a^2}$	$c_2^* = \frac{T\left(\frac{1}{E_2}\right) - aT\left(\frac{1}{E_1}\right)}{1 - a^2}$
$a = -1$	$c_1^* = T\left(\frac{1}{E_1}\right)$	$c_2^* = 0$
	$c_1^* = 0$	$c_2^* = T\left(\frac{1}{E_2}\right)$

5.3 创新保护中信息安全投资额度博弈均衡的仿真分析

命题：当$-1 < a < 0$时，防守方的均衡成本$c_1^* = \dfrac{T\left(\dfrac{1}{E_1}\right) - aT\left(\dfrac{1}{E_2}\right)}{1 - a^2}$与关系参数a呈负相关关系，$c_1^*$随着a的增大而逐渐减小，随着a的减小而逐渐增大。

当关系参数a逐渐增加趋近于0时，攻击方对于防守方的影响逐渐减小，攻防的抵消关系削弱，进而防守方减少信息安全的投资成本仍能保证组织的信息安全。相反，当关系参数a逐渐减小，越来越趋近于-1时，攻击方的攻击态势对防守方会产生更加显著的影响，攻防的抵消关系加强，进而防守方为了取得足够的信息安全，必须增加信息安全的投资成本。选取接近现实情况的参数值$T\left(\dfrac{1}{E_1}\right) = 1.5$，$T\left(\dfrac{1}{E_2}\right) = 1$，对防守方的均衡成本$c_1^* = \dfrac{T\left(\dfrac{1}{E_1}\right) - aT\left(\dfrac{1}{E_2}\right)}{1 - a^2}$与关系参数a的关系进行仿真模拟，结果如图5.3所示。

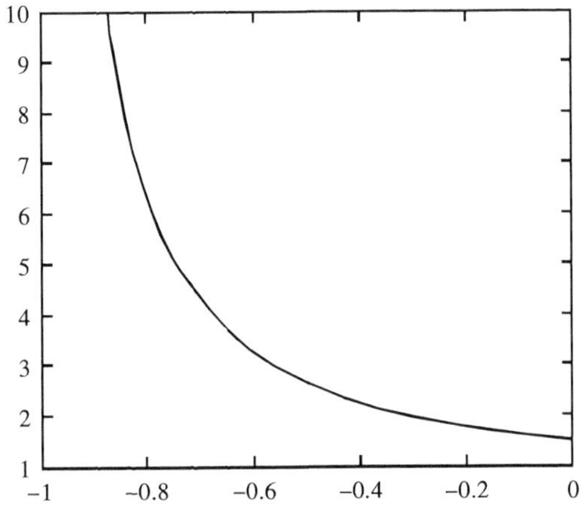

图 5.3　防守方的均衡成本c_1^*与关系参数a的仿真图形

在图5.3中，横坐标代表模型的关系参数a，纵坐标代表防守方的均衡成本

$c_1^* = \dfrac{T\left(\dfrac{1}{E_1}\right) - aT\left(\dfrac{1}{E_2}\right)}{1-a^2}$，随着关系参数 a 的增加，$c_1^*$ 逐渐减小，防守方的均衡成本 c_1^* 与关系参数 a 呈负相关关系。

5.4 创新保护中信息安全投资额度博弈的算例及应用分析

下面以某两个组织为例进行创新保护中信息安全投资额度博弈的分析验证。

在两个组织中，设组织一的预期收益 E_1 为 100 万元，组织二的预期收益 E_2 为 80 万元。成本效用的概率函数为 S，c_1 为组织一的信息安全投资成本，c_2 为组织二的信息安全投资成本，单位均为万元，参数 a 代表两组织间的关系。首先求出成本效用的概率函数 S 以及其他函数，然后就可以根据关系参数 a 的五种情况说明信息安全投资额度博弈及其均衡。

这里，成本效用的概率函数 S 是求解的重点。S 的值域范围为 $0 \leqslant S \leqslant 1$，在确定成本效用的概率函数时，为简单起见，在本算例中，将 S 设定为一元二次函数，为区别模型参数，将 S 设为 $S = dx^2 + kx + r$，其中自变量 x 代表信息安全成本变量。

当 x 为 0 时，成本效用的概率函数 S 必然为 0。由于成本效用的概率函数为信息安全成本的增函数，根据边际效用递减规律，S 的二阶导数小于 0。据此，可设 $d<0$，当信息安全成本为 10 万元时，S 恰好取得函数最大值 1。根据这些条件信息，联立方程组，求解 S。

$$\begin{cases} 0 + 0 + r = 0 \\ -\dfrac{k}{2d} = 10 \\ 100d + 10k + r = 1 \end{cases} \tag{5.28}$$

通过求解可得

$$\begin{cases} d = -\dfrac{1}{100} \\ k = \dfrac{1}{5} \\ r = 0 \end{cases} \tag{5.29}$$

因此，本算例中的成本效用的概率函数为

$$S = -\frac{1}{100}x^2 + \frac{1}{5}x \tag{5.30}$$

成本效用的概率函数的导数为

$$S' = -\frac{1}{50}x + \frac{1}{5} \tag{5.31}$$

进而，函数 S 导数的反函数 T 为

$$T = \frac{x - k}{2d} \tag{5.32}$$

根据求出的函数和参数数据就可以对关系参数 a 的五种情况进行分析验证。

5.4.1 a = 1 时的投资额度博弈均衡

a = 1 时两组织的防守联合关系最为密切，此时两组织的投资博弈模型为

$$\begin{cases} u_1 = E_1\left[-\dfrac{1}{100}(c_1 + c_2)^2 + \dfrac{1}{5}(c_1 + c_2)\right] - c_1 \\ u_2 = E_2\left[-\dfrac{1}{100}(c_2 + c_1)^2 + \dfrac{1}{5}(c_2 + c_1)\right] - c_2 \end{cases} \tag{5.33}$$

根据前面的分析，组织一对组织二信息安全成本的反应函数为

$$c_1 = T\left(\frac{1}{E_1}\right) - c_2 = \frac{\dfrac{1}{E_1} - K}{2d} - c_2 = \frac{1 - E_1K}{2E_1d} - c_2 \tag{5.34}$$

而组织二对组织一信息安全成本的反应函数为

$$c_2 = T\left(\frac{1}{E_2}\right) - c_1 = \frac{\dfrac{1}{E_2} - K}{2d} - c_1 = \frac{1 - E_2K}{2E_2d} - c_1 \tag{5.35}$$

代入本算例中的数据，通过反应函数的交点求得博弈的纳什均衡为

$$\begin{cases} c_1^* = 9.5 \\ c_2^* = 0 \end{cases} \tag{5.36}$$

单位为万元。

本算例中两组织的反应函数和纳什均衡在坐标图形中如图 5.4 所示。

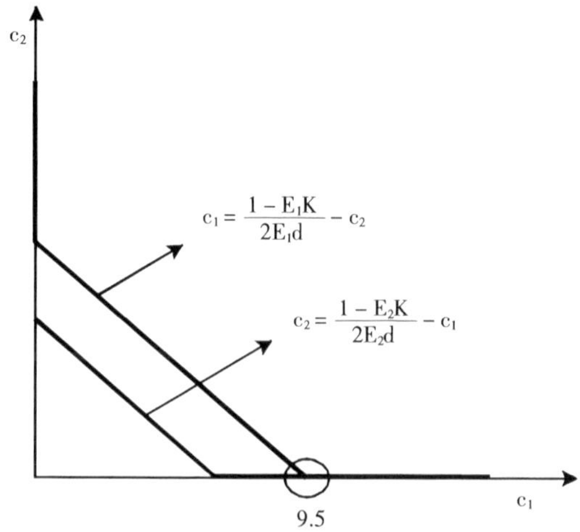

图 5.4　a = 1 时博弈算例的反应函数

5.4.2　0 < a < 1时的投资额度博弈均衡

当 $0<a<1$ 时，两组织的关系仍为相互依存的防守博弈。在本算例中，设此时的关系参数 $a=\frac{1}{5}$，这时的投资博弈模型为

$$\begin{cases} u_1 = E_1\left[-\frac{1}{100}(c_1+\frac{1}{5}c_2)^2+\frac{1}{5}(c_1+\frac{1}{5}c_2)\right]-c_1 \\ u_2 = E_2\left[-\frac{1}{100}(c_2+\frac{1}{5}c_1)^2+\frac{1}{5}(c_2+\frac{1}{5}c_1)\right]-c_2 \end{cases} \tag{5.37}$$

进而，组织一对组织二信息安全成本的反应函数为

$$c_1 = T\left(\frac{1}{E_1}\right)-ac_2 = \frac{\frac{1}{E_1}-K}{2d}-ac_2 = \frac{1-E_1K}{2E_1d}-ac_2 \tag{5.38}$$

而组织二对组织一信息安全成本的反应函数为

$$c_2 = T\left(\frac{1}{E_2}\right)-ac_1 = \frac{\frac{1}{E_2}-K}{2d}-ac_1 = \frac{1-E_2K}{2E_2d}-ac_1 \tag{5.39}$$

此时的坐标图形如图 5.5 所示。

代入数据得到此时的纳什均衡为

$$\begin{cases} c_1^* = 7.9 \\ c_2^* = 7.8 \end{cases} \tag{5.40}$$

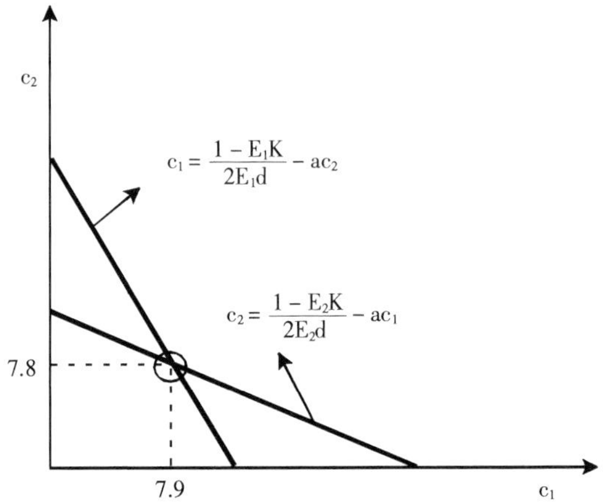

图 5.5　0 < a < 1 时博弈算例的反应函数

5.4.3　a = 0 时的投资额度博弈均衡

a = 0 意味着两组织互不相关，此时的投资额度博弈模型为

$$\begin{cases} u_1 = E_1\left[-\frac{1}{100}(c_1)^2 + \frac{1}{5}(c_1)\right] - c_1 \\ u_2 = E_2\left[-\frac{1}{100}(c_2)^2 + \frac{1}{5}(c_2)\right] - c_2 \end{cases} \tag{5.41}$$

通过与上面类似的求解，可以得出此时的纳什均衡为

$$\begin{cases} c_1^* = 9.5 \\ c_2^* = 9.4 \end{cases} \tag{5.42}$$

5.4.4　–1 < a < 0 时的投资额度博弈均衡

–1 < a < 0 意味着两组织是此消彼长的抵消关系，从而两组织由原来的防守博弈演化为攻防博弈。设此时的关系参数 $a = -\frac{1}{5}$，则此时本算例的博弈模型为

$$\begin{cases} u_1 = E_1\left[-\frac{1}{100}(c_1 + \frac{1}{5}c_2)^2 + \frac{1}{5}(c_1 + \frac{1}{5}c_2)\right] - c_1 \\ u_2 = E_2\left[-\frac{1}{100}(c_2 + \frac{1}{5}c_1)^2 + \frac{1}{5}(c_2 + \frac{1}{5}c_1)\right] - c_2 \end{cases} \tag{5.43}$$

其中，$a = -\frac{1}{5}$。

进而，可以推导出组织一的反应函数为

$$c_1 = T\left(\frac{1}{E_1}\right) - ac_2 = \frac{\frac{1}{E_1} - K}{2d} - ac_2 = \frac{1 - E_1K}{2E_1d} - ac_2 \tag{5.44}$$

组织二的反应函数为

$$c_2 = T\left(\frac{1}{E_2}\right) - ac_1 = \frac{\frac{1}{E_2} - K}{2d} - ac_1 = \frac{1 - E_2K}{2E_2d} - ac_1 \tag{5.45}$$

代入算例中的数据，通过求解可以得出此时的纳什均衡为

$$\begin{cases} c_1^* = 11.8 \\ c_2^* = 11.7 \end{cases} \tag{5.46}$$

5.4.5　a = –1 时的投资额度博弈均衡

当关系参数 $a=-1$ 时，若 $c_1>c_2$，则两组织信息安全投资博弈模型相应地成为

$$\begin{cases} u_1 = E_1\left[-\frac{1}{100}(c_1 - c_2)^2 + \frac{1}{5}(c_1 - c_2)\right] - c_1 \\ u_2 = -c_2 \end{cases} \tag{5.47}$$

利用与上面类似的推导方法，可以求得组织一的反应函数为

$$c_1 = T\left(\frac{1}{E_1}\right) + c_2 = \frac{\frac{1}{E_1} - K}{2d} + c_2 = \frac{1 - E_1K}{2E_1d} + c_2 \tag{5.48}$$

对于组织二，由于 $u_2=-c_2$，组织二的得益与其自身成本 c_2 负相关，当 $c_2=0$ 时，得益 u_2 取得最大值 0，从而算例中两组织的纳什均衡为

$$\begin{cases} c_1^* = 9.5 \\ c_2^* = 0 \end{cases} \tag{5.49}$$

同理，$c_2>c_1$ 时的纳什均衡为

$$\begin{cases} c_1^* = 0 \\ c_2^* = 9.4 \end{cases} \tag{5.50}$$

从本算例可以看出，根据前述的博弈分析，两组织在不同的博弈关系下能够得出不同的博弈均衡。并且，本算例也说明了当 $a=1$，即两组织合作关系最显著时“搭便车”问题的存在。

5.5 小 结

此部分研究运用无限策略博弈理论建立创新保护中组织信息安全投资额度的博弈模型，通过博弈模型求出组织的反应函数，进而根据模型中的关系参数 a 进行投资博弈的均衡分析。关系参数 a 的变化反映了两组织间关系的变化，从而得到不同组织关系下的纳什均衡。特别地，对于$-1 \leqslant a < 0$时的攻防博弈，推导出防守方的均衡成本 c_1^* 与关系参数 a 呈负相关关系的命题，并进行仿真验证。通过算例简要说明组织信息安全投资额度的博弈分析。本章的研究结果为组织的信息安全投资额度提供了有益的指导。

参考文献

[1] Varian H. System Reliability and Free Riding. Economics of Information Security. Working Paper, Berkeley: University of California, 2004.

[2] 谢识予. 经济博弈论 [M]. 上海：复旦大学出版社，2004.

第6章 Chapter Six

防守博弈下基于创新保护的信息安全投资的演化博弈分析

前面几章是在经典博弈理论的博弈方完全理性框架下进行的信息安全投资研究，考虑到现实社会中信息安全投资主体的有限理性问题，即由于博弈方的理性局限，投资主体往往不会一开始就找到最优投资策略，而是在博弈过程中不断地学习博弈，因而还需要利用研究博弈方有限理性的演化博弈论进行创新保护中信息安全投资的研究。

演化博弈论是以达尔文的生物进化论和拉马克的遗传基因理论为思想基础，以系统论为出发点，强调的是一种动态的均衡，是研究有限理性博弈方的科学方法，因而借助演化博弈论来研究信息安全投资问题是科学合理的。

演化博弈论（Evolutionary Game Theory）在生物学领域的早期研究可以追溯到 Fisher 关于性别比例的研究，Cournot 在对寡头市场产量竞争中的产量调整过程进行研究时将其引入经济学领域。演化博弈思想最早的较完整的理论成果则是 John Nash 对于纳什均衡的“群体行为解释”[1]，即博弈方不必有关于总体博弈结构的充分知识和进行复杂推理的能力，只要博弈方能够积累关于各种纯策略被采用时的相对优势的实证信息，仍可达到纳什均衡。瑞典学者 Weibull 完整地总结了最新的理论研究成果[2]，形成了比较系统的演化博弈理论。截至目前，演化博弈论的基本框架主要处于数理研究阶段，但是演化博弈论提供了一种全新的、具有战略思维的分析和解决问题的思想方法。

演化博弈论以有限理性的博弈方作为博弈分析的基础，对博弈方的理性要求较少，且与现实更为接近，其结果总体上支持完全理性的博弈分析，弥补了完全理性博弈下对于博弈方全知全能假设的缺陷，同时更加强了博弈论的现实基础，进而使整个博弈论的理论基础都得到了加强。演化博弈模型包含个体行为到群体行为的形成机制，形成具有微观基础的宏观模型，并把群体行为的调整看做动态的演化过程，因此更准确地预测了博弈主体的演化趋势，并且为群体行为的宏观调控提供了科学的理论基础。Maynard Smith [3] 与 Price [4] 在考察种群个体适合度由各个个体行为共同决定的环境下，个体对成功策略选择效果时提出的“进化稳定策略”（Evolutionary Stable Strategy）概念使得演化博弈论成为实用的经济分析方法，为有效预测博弈方群体行为的长期稳定趋势提供了更现实和更准确的理论依据。现今，越来越多的学者运用演化博弈论的方法来分析各种用传统方法难以解决的问题，获得了较好的效果。Kosfeld 运用演化博弈的方法建立了德国超市购物时间反常的演化博弈模型[5]，Bester 和 Guth 研究了人类经济活动中利他行为的演化稳定性[6]，Skyrms 在讨论哲学中的理性问题时引入了演化博弈模型[7]，Friedman 和 Fung 运用演化博弈分析了在无贸易和有贸易情形下美国和日本企业组织模式的演化[8,9]，并进一步认为演化博弈在经济领域有着极大的应用前景。

演化博弈论是博弈论中的一个新领域，其在经济学、生物学和其他社会科学中的应用还有很多空白，因此，演化博弈论的应用研究一直并将在未来相当长的时期是博弈理论界最前沿的研究领域[10]。本书尝试利用演化博弈论进行防守博弈与攻防博弈两种情况下信息安全投资的研究，从长期的视角研究有限理性下信息安全投资的博弈问题。

6.1 防守博弈下的信息安全投资博弈模型

企业组织之间的信息安全投资具有很强的策略依存性，根据上面利用得益矩阵建立的创新保护中两组织信息安全投资决策博弈模型进行演化博弈分析。在演化博弈中，两组织不会一开始就找到最优均衡策略，有限理性的博弈方需要在长期的演化中不断地学习博弈。

表 6.1 两组织信息安全投资决策博弈模型

组织一	组织二	
	投资	不投资
投 资	E - C + I, E - C + I	E - C - qL + I, E - pL
不投资	E - pL, E - C - qL + I	E - pL - (1 - p)qL, E - pL - (1 - p)qL

6.2 防守博弈下信息安全投资演化博弈的复制动态

演化博弈论中最具应用价值的动态方程就是由 Taylor 和 Jonker 提出的 Replicator Dynamics [11]，即复制动态。复制动态源于生物进化中生物性状和行为特征的动态变化，是演化博弈论的基本动态。复制动态能够较好地描绘出有限理性博弈方在学习和调整的动态过程中的稳定性和动态趋势，准确地预测博弈方群体行为的变化趋势，为宏观调控提供科学的理论参考，是演化博弈分析中模拟有限理性博弈方学习和策略调整过程中最主要的动态方程。与强化动态 [12] 等其他的动态方程相比，复制动态也是截至目前应用最广泛的动态方程，学者们曾运用复制动态方程对企业组织模式、社会习俗、行为规范等经济问题进行了成功的研究 [8]。实际上，现实世界中的信息安全投资主体在进行投资决策时也不可能具有完全理性，在面对信息安全投资问题时常常是凭本能，或者只是模仿比较成功的策略，而不是根据数学分析来优化决策，常常导致信息安全投资的盲目性和低效率。因此，决策主体在信息安全投资问题中表现出来的理性程度较低，学习和动态调整的速度不快，信息安全投资的有限理性博弈完全可以利用描述生物进化的复制动态进行分析。

在信息安全投资演化博弈的复制动态分析中，假设现实社会中采用投资信息安全策略的企业组织比例为 x，采用不投资信息安全策略的企业组织比例则为 1 - x。博弈模型中采用投资信息安全策略博弈方的期望得益就可以表示为采用相应策略的比例与相应策略得益乘积之和，如式（6.1）所示：

$$u_i = x(E - C + I) + (1 - x)(E - C - qL + I) \tag{6.1}$$

而采用不投资信息安全策略博弈方的期望得益为

$$u_n = x(E - pL) + (1 - x)[E - pL - (1 - p)qL] \quad (6.2)$$

进而，总体平均期望得益可以通过式（6.3）计算：

$$\bar{u} = xu_i + (1 - x)u_n \quad (6.3)$$

复制动态的核心就是博弈方策略类型比例动态变化的速度，并且变化的方向可以通过速度的正负号体现。而这种策略类型比例的动态变化速度直接取决于博弈方的学习模仿速度。在复制动态中，采用相应策略博弈方的比例和模仿对象的策略得益超过总体平均得益的幅度是决定博弈方学习模仿速度的关键。这是因为采用相应策略博弈方的比例意味着模仿对象的数量多少，模仿数量的多少则直接关系到观察和学习的难易程度；而模仿对象的策略得益超过总体平均得益的幅度代表了模仿对象的成功程度，这会直接关系到策略得益差异的判断难易和对模仿激励的程度。在信息安全投资的演化博弈分析中，用$\frac{dx}{dt}$表示投资信息安全类型博弈方比例随时间的变化率，则信息安全投资的复制动态为

$$\frac{dx}{dt} = x(u_i - \bar{u}) \quad (6.4)$$

将$\bar{u} = xu_i + (1 - x)u_n$代入式（6.4），可得

$$\frac{dx}{dt} = x(u_i - \bar{u}) = x[u_i - xu_i - (1 - x)u_n] = x(1 - x)(u_i - u_n) \quad (6.5)$$

再将式（6.1）、式（6.2）代入，可得

$$\begin{aligned}\frac{dx}{dt} &= x(1 - x)(u_i - u_n)\\ &= x(1 - x)\{x(E - C + I) + (1 - x)(E - C - qL + I) - x(E - pL) - (1 - x)\\ &\quad [E - pL(1 - p)qL]\}\end{aligned} \quad (6.6)$$

化简即为

$$\frac{dx}{dt} = x(1 - x)[pqLx + (pL + I - C - pqL)] \quad (6.7)$$

令复制动态方程等于零，即

$$\frac{dx}{dt} = x(1 - x)[pqLx + (pL + I - C - pqL)] = 0 \quad (6.8)$$

求解可以得出下述信息安全投资复制动态的三个稳定状态：

$$x_a^* = \frac{C + pqL - pL - I}{pqL}, \quad x_b^* = 0, \quad x_c^* = 1 \tag{6.9}$$

根据 $x_a^* = \frac{C + pqL - pL - I}{pqL}$ 的取值情况，讨论 $x_a^* \leqslant 0$、$x_a^* \geqslant 1$、$0 < x_a^* < 1$ 三种情况下信息安全投资的进化稳定策略并进行仿真验证。在仿真验证过程中，选择 Repast 作为仿真工具，6.3 节首先介绍 Repast 的仿真模型，6.4 节讨论信息安全投资的进化稳定策略并在此基础上进行仿真验证。

6.3 Repast 的仿真模型

在博弈过程中，个体具有主动性，能够主动按照一定的目标与规则行动，并能够根据外部环境的动态变化改变自身的博弈策略。而且在研究中，需要考虑博弈主体决策行为的相互依赖和相互影响[13,14]，不能不考虑它们的个体理性以及所获信息对博弈均衡的制约和影响，因此博弈的过程是一个复杂系统。

6.3.1 复杂系统仿真

复杂系统[15]是指系统具有大量交互成分，其内部关联复杂、不确定，总体行为具有非线性，不能通过系统的局部特性，形式地或者抽象地描述整个系统特性的系统[16~19]，比如经济、社会、生态系统等。

目前，国内外的研究人员对复杂系统的特征有着多种理解，但通常都认为复杂系统具有如下特征[20]：

（1）涌现性：涌现性描述了一种从低层次到高层次、从局部到整体、从微观到宏观的变化，强调要素间的相互作用。

（2）非线性：复杂系统的整体行为不等于各个部分行为的总和。

（3）模块性：复杂系统从逻辑上可看做相互之间有联系的部分的聚集，因此具有模块性。

（4）关联性：复杂系统中各个部分不是孤立存在的，任何部分和其他部分之间都存在着相互的关联。

（5）动态性：随着时间的推进，复杂系统在宏观和微观上都在不断地变化。

（6）不可计算性：不可计算性包括两个方面，即无法用归纳、演绎或其他形式化的方法来描述复杂系统的行为以及不都是基于规则的推理系统。

因为复杂系统的特性，往往不容易直接得出系统的性质，因此需要对复杂系统进行仿真。传统的系统仿真方法可以归结为两类[21]：

（1）朴素物理方法或还原论[22]。还原论的着眼点在于局部或要素遵循单项因果决定论，简单地认为整体等于部分之和。因此在解释系统的整体性、进化性和层次性等方面，还原论存在着较大的缺陷，这使得系统的细节异常清晰，而整体却是模糊的[23]。它是自上而下的建模方法。

（2）归纳推理方法或行为仿真方法[24]。这种方法的基点是反还原论的，它把仿真目标定位在行为一级，根据观测数据去建立系统的同态模型，研究系统的行为趋向。它是自下向上的建模方法。

但是因为复杂系统的复杂性、非线性和动态性，系统的行为特征不等价于组成元素个体行为特征的线性叠加之和，因此很难用传统的仿真分析模型对系统的宏观、微观等行为进行综合分析。

随着计算机计算能力的增强，把复杂系统中各个要素之间的非线性关系转化为可执行的程序，以模型程序自动运行的方式来对实际中需要长时间演化的复杂系统进行动态仿真，能简化大量时间。这就是计算机建模仿真方法[23]。通过计算机仿真能反映系统各要素间的内在联系，理解系统的非线性和动态性特征，研究系统的行为趋向。计算机仿真建模方法成为目前研究动态复杂系统的有效手段，在越来越广泛的学科领域内获得应用。

计算机仿真建模方法具有如下四个优点[23]：

（1）经济性：用计算机仿真建模实验能降低实验成本。

（2）可重用性：用计算机建立的仿真模型可以多次重复使用。

（3）安全性：某些系统直接实验是危险的。

（4）预见性：计算机仿真模型可以用于预测内部系统特性和外部作用的影响。

在计算机仿真模型中，基于 Agent（主体）的系统仿真方法是研究复杂系统的主要方法。

6.3.2 基于 Agent 的系统仿真

主体（Agent）系统解决问题的方法是把问题分解为多个 Agent，每个 Agent

拥有各自独立的属性和知识，Agent 之间可以互相获得消息，通过联合或群集的方式，一群 Agent 能找到比单个 Agent 更优的解决策略[23]。基于 Agent 系统的计算机仿真模型简称基于 Agent 仿真模型，也称基于多 Agent 仿真模型。

基于 Agent 的复杂系统仿真不同于传统的仿真方式，它将复杂系统中各个仿真实体用 Agent 的方式为特定个体的特定行为建模。两者的主要区别在于：传统仿真方法仿真整个系统中大量个体平均特性的变化情况；基于 Agent 仿真则是仿真系统中个体的变化情况。当系统中存在大量交互的个体，并且规则的影响是非线性时，复杂系统的行为和结果都很难推论，利用基于 Agent 的模型进行仿真是研究这种复杂系统的理想方法。

基于 Agent 的仿真通过指定 Agent 之间的交互方式来观察所有 Agent 的特性。在仿真系统中，Agent 从其他 Agent 或者环境得到信息，然后根据得到的信息和自身的状态或规则，修改自身的状态或规则，并向其他 Agent 或环境发出信息进行交互。通过这些形式的交互，"涌现"出单个 Agent 不具有而目标系统整体却具有的整体行为。

6.3.2.1 主体的基本特征

基于 Agent 的仿真方法以构造复杂系统中微观行为的主体为重点，利用消息机制建立 Agent 之间的联系，达到仿真整个系统动态过程的目的。在 Agent 系统中，Agent 是一个软件实现的对象，存在于一个可执行的环境中，具有主动学习和适应环境的能力，Agent 的主要特征包括[24]：

（1）自适性：与现实世界中各种行为实体类似，主体具有适应环境变化的能力。根据感受外在环境的变化，做出相应的行动反应。

（2）自治性：自主控制自己的行为。

（3）交互性：能够与其他 Agent 交互，这反映了现实世界中许多事物的内在复杂性。

正是因为基于 Agent 仿真模型中的 Agent 具备了这些基本特征，使它在仿真现实世界时能够更大限度地再现复杂系统的动态规律，成为研究复杂系统的有力手段。

6.3.2.2 基于 Agent 建模的特点

基于 Agent 建模主要有以下三个特点：

（1）确定性与随机性相结合：基于 Agent 的建模方式是从底层建立仿真模型，

每一个 Agent 由相对比较简单的确定法则组成，Agent 的运动和变化不是来自系统的外部，而是在一定条件下系统内部各种因素相互作用的结果[25]。

（2）动态仿真：动态、不平衡是复杂系统运动的常态，基于 Agent 的仿真模型具有更强的描述和表达能力，更接近客观现实世界的真实情况。

（3）宏观与微观：复杂系统中大量个体的动态行为成为整个系统演变的基础，个体与环境、个体与个体之间的相互影响、相互作用形成系统演化的主要动力。基于 Agent 的仿真模型把系统的宏观变化看做微观变化导致的结果，用虚拟的微观个体作为宏观模型的基础。①

6.3.2.3 基于 Agent 的复杂系统仿真的优点

因为 Agent 建模具有上述特点，所以基于 Agent 的复杂系统仿真具有以下优点[21]：

（1）可以仿真动态环境中的行为，研究应用传统方法难以获得的“涌现”行为。

（2）能够对个体行为进行仿真。

（3）支持系统的分布和并行计算。

（4）仿真系统具有动态性和灵活性。这表现在两个方面：一是 Agent 能方便地与其他 Agent 进行交互；二是在仿真过程中能增加或者删除 Agent。②

6.3.2.4 基于 Agent 的博弈仿真的优点

博弈作为复杂系统，在基于 Agent 的复杂系统仿真优点的基础上，用 Agent 对博弈进行仿真有如下优点：

（1）基于 Agent 的博弈仿真能够模拟博弈过程中的个体行为。

（2）通过仿真博弈过程中微观层次的动态行为，可以获得宏观层次的“涌现”规则。

（3）基于 Agent 的博弈仿真能够模拟博弈过程中个体的并发行为。

（4）基于 Agent 的博弈仿真能够真实模拟博弈过程中个体的动态性和交互性。

（5）模型具有可重用性。

① 这样既便于探索微观层次的动态特性，也便于研究宏观层次的模式或规律。

② 需要说明的是，与人工智能中 Agent 的理解有所不同，在基于 Agent 的仿真中，Agent 包括从普通的对象到人工智能中 Agent 的一个广义的意义。

6.3.3 Agent 仿真工具

6.3.3.1 Agent 仿真工具介绍

自 1995 年美国圣塔菲研究所（Santa Fe Institute）为复杂系统建模设计出软件平台 Swarm 以来，越来越多的大学和研究机构投身于这类系统平台开发的研制工作中。目前，已有不少主体建模软件平台，下面介绍几个有较大影响的主体仿真软件工具[23,25]：

6.3.3.1.1 Swarm

Swarm[26] 是一个多主体复杂系统仿真软件工具集，最初是由圣塔菲研究所用 Objective-C 语言开发的，目的是为研究人员进行多主体建模提供可用工具。Swarm 最初只能运行在 Unix、Linux 操作系统平台上。1998 年 4 月推出了可以在 Windows 上运行的版本，1999 年 Swarm 又提供了对 Java 的支持。目前，Swarm 可以在 Linux 系统、Unix 系统和 Mac OSX 下运行，要在 Windows 下运行，必须先安装 Linux 模拟环境 Cygwin 才能调用原先在 Unix 环境下开发的 Swarm 库。

Swarm[27,28] 的整个思想是提供一个执行环境，在这个环境中，大量的对象能够“生活”，并以一种分布式和并行的方式互相作用。Swarm 支持分级建模方法，具有递归结构。在嵌套中，个体可由其他个体的 Swarms 组成，父 Swarm 可以由子 Swarm（SubSwarm）组成。①

Swarm 类库中提供的大部分类可以直接使用。为了建立起一个模拟环境，用户需要构造一些对象，用来表示现实生活中的主体。在大多数情况下，这些对象都可以基于 Swarm 中存在的类，这样就免去了用户大量事务性的工作。Swarm 有七个核心库：Swarmobject、Activity、Simtools、Collections、Random、Space 和 Defobj。②

Swarmobject 类库包括两个重要的类：Swarmobject 和 Swarm。Swarmobject 是所有模拟主体的根类，它定义了内存管理的接口并提供对探测器的支持。Swarm 类是模型的总控，Model Swarm 和 Observer Swarm 都继承了这一基类。

Activity 类库提供了对时间表的支持。时间表是模型运行的时序列表，用户

① Swarm 提供了面向对象的可重用组件库，用来建模并进行分析、显示以及对实验进行控制。
② 前三个是 Swarm 专有的类库；后四个是支持库，有可能在 Swarm 之外用到。

需要将周期性执行的动作按顺序编入这个数据结构中，并指明运行的时间间隔和触发条件，模型将按照这个约定进行自动模拟。

Simtools 类库包括支持探测器的类，实现模型运行过程中观察或修改变量的功能。Simtools 还提供数据分析和界面显示的支持工具，能够进行数据统计与汇总、画时序图等。

Collections 类库中提供了一系列对象的列表，如 List、Array、Set 等。Swarm 支持向一个列表中的所有对象传递消息，还可以将列表中的对象按某个属性进行排序。

Random 类库提供给用户一套随机数生成器。在计算机模拟中，随机数生成的质量是非常重要的，Swarm 的随机数库支持正态分布、均匀分布、指数分布等多种随机分布。

Space 是一个简单的空间类库，包括一系列用于二维离散模型的类。这些空间类型在生态系统模拟中经常用到。Space 中的类大多数是从 Grid2D 继承得来，Grid2D 是一个特殊的二维数组，即可以在指定格点上存储对象和整型值。

Defobj 提供了对消息、错误处理、调试和内存分配的支持，增强了 Objective-C 的功能。它还支持对象界面和实现分离，从而使 Swarm 编写的程序的层次性更加清晰。

大多数 Swarm 的模拟程序包括四类对象：Model Swarm、Observer Swarm、模拟主体和环境。其中 Model Swarm 和 Observer Swarm 是 swarm 类的子类。swarm 类是 Swarm 模拟的基本构造块，一个 swarm 是一系列对象以及这些对象的行为时间表的组合。模拟主体通常从 Swarmobject 中继承方法以提供对探测器和内存管理的支持。①

Model Swarm 有两个主要组成部分：①一系列 Agent 对象，每个 Agent 对应现实世界中的一个主体；②模型中行为的时序表，时序表定义了各个对象的独立事件发生的流程。也就是说，Swarm 模型包括两个 swarm 对象，核心是 Model Swarm，它封装了模型的 swarm 对象。Model Swarm 中的对象对应模型中的主体。用户定义了对象并为它们建立起关系后，就需要把这些主体放到 Model Swarm 对

① 不同的模拟系统具有不同的环境，例如生态系统通常是一个二维的平面环境，如 Swarm 中提供的 Grid2D。

象中。Model Swarm 还包括模型行为的时间表，即通过一系列具有特定顺序的行为来模拟模型的时间序列。时间表可以通过实现 activity 库中的 schecule 类的实例来建立，再在其中编写时间序列的对象/消息对。建立时间序列表后，Swarm 模型方可运行。模型 Swarm 还包括一系列输入和输出。输入的是模型参数，如对象的个数、初始值等；输出的是要观测的变量的值及模型的运行结果。

除了一个静态模型外（Model Swarm），我们需要数据收集工具来观察模型并记录，才能了解模拟模型到底发生了什么以及是如何发生的。在 Swarm 中，观察是通过 Observer Swarm 对象来实现的。Observer Swarm 通过探测器接口来观察其他个体。①

需要注意的是，Observer Swarm 也是一个 swarm，也包括一组 Agent 和一个行为时序表。Observer Swarm 中的 Agent 是用来观测探测器以及输出界面，如图表、二维格点等，它的行为时序表用来描述各探测器采样的间隔和顺序。通过将一个模型的 Model Swarm 和 Observer Swarm 合并在一起，一个完整的实验模型就建立起来了。通过使用 Model Swarm 和 Observer Swarm，可将模型的界面和模型的实现分离② 开来。对于同一个模型，不同的 Observer Swarm 可以实现不同的数据收集和制协议，以至于收集的数据和显示的界面会有所不同。

模型中模拟的主体通常与现实中的个体相互对应。主体作为一组对象在模拟系统中存在，前提是根据现实世界中的具体情况合理地给它们定义方法和属性。在一个复杂自适应系统中，主体往往具有学习和进化的能力，即需要在其中定义一个独立的具有认知能力的部件处理来自环境的刺激并做出反应或改变。

在现实世界，个体的存在依托于环境，因此在模型中，主体通常也生活在一个环境中。许多模拟平台将这一环境限定为某一特定类型，如最常用的二维网格。Swarm 的特点是不必设计一个特定类型的环境，因为在 Swarm 中，环境本身也是一个主体。

Swarm 的实现过程是：

首先，建立 Observer Swarm；其次，在 Observer Swarm 中建立 Model Swarm 作为自身的一个 Sub Swarm，并为它分配内存空间；最后，Model Swarm 建立环

① 比如，对于一个商品平均价格模拟来说，探测器可以观察商品的平均价格，并建立一个时序图来反映商品平均价格的动态变化。

② 也就是通常所说的分层处理，即模型界面和实现的耦合性很小。

境，建立模型的主体（Agent）以及 Agent 的行为。

下面讨论 Swarm 的资源链接[23]：

（1）Swarm 项目主页：http：//www.swarm.org。

（2）Swarm 常见问题集：http：//www.ku.edu/~pauljohn/SwarmFaq/SwarmOnline-Faq.html。

（3）基于 Javaswarm 之上的企业仿真框架：http：//web.econ.unito.it/terna/jes。

（4）Swarm 生态经济学扩展库（Object C）：http：//www.humboldt.edu/~eco-model。

（5）可以生成 Swarm 模型代码（Object C）的脚本语言 MAML：http：//www.syslab.ceu.hu/maml/。

（6）Swarm 的基因算法扩展库 Evo：http：//omicrongroup.org/evo/。

（7）中国人民大学经济科学实验室 Swarm 讨论组：http：//econlab.ruc.edu.cn/vbb/forumdisplay.hph？ f=27。

6.3.3.1.2　Repast

Repast（Recursive Porous Agent Simulation Toolkit）[29] 是用 Java 语言开发的主体仿真平台[30]，是由芝加哥大学的社会科学计算中心开发研制的。最新版本 Repast3.0 的核心部分是一个基于主体建模服务的内核，支持 3 种实施平台：Java 平台的 Repast J、微软.Net 框架下的 Repast.Net、支持 Python 脚本语言的 Repast Py。高级模型需要在 Repast J 中用 Java 编写，或者在 Repast.Net 中用 C# 编写。

Repast 设计目标是使用的方便性、较短的学习周期以及可扩展性。它提供了一系列生成、运行主体、显示和收集其数据的类库。Repast 还能够以图表的形式显示运行中的模型数据、对运行中的模型进行“快照”以及生成模型运行的影像资料。Repast 从 Swarm 模拟工具集中借鉴了不少的设计结构和方法，Repast 是一个类“Swarm”的仿真软件构架[31]，是一个优秀的开放源代码的多 Agent 仿真平台[32]。

Repast 将在章节 6.3.4 进行详细介绍。

6.3.3.1.3　Net Logo

Net Logo[33] 软件是由 Uri Wilensky 于 1999 年首次提出的，是一个受到美国国家科学基金［National Science Foundation（REPP and ROLE Pro-grams）］资助

的项目成果。[①] 此后由美国 Northwestern University 的“关联学习中心”不断完善和发展，使用 Java 语言编写，提供了一个针对多领域的系统建模的仿真平台。NetLogo 先后推出的版本已经应用于美国西北大学网络学习和计算机建模中心推出的可编程建模环境。该软件有多个版本，从 2002 年 4 月首次面世的 Version 1.0 版本到最新的 Version 4.1RC5（2009 年 10 月），大约每年升级 2~3 次。目前，该软件已经包括涉及经济、社会、科学、人工智能等多个领域的软件模型库。它采用 Java 语言编写，因此能够在多种主流平台上运行，如 Mac、Windows、Linux 等，[②] 目前可以在网上免费下载（软件下载的网址：http：//ccl.northwestern.edu/netlogo）。Net Logo 提供单机和网络环境两种版本，每个模型还可以保存为 Java applets，可嵌入到网页上运行。

Net Logo 目前已经有了一个具有相当规模且比较成熟的模型库（Model Library），其中可以使用的实例涉及多个学科领域的内容。模型库中已有的学科领域包括艺术、生物学、物理学和化学、计算机科学、地质科学、游戏、数学、社会科学等。用户可以非常便捷地调用这些模型，进行相应的参数设置和模拟，甚至修改后存储成一个新的模型。[③] 该软件允许用户开发模型的自主性环境。另外，Net Logo 还提供一种可进行全班模拟分享（Participatory-simulation）的工具，即 HubNet.NetLog。用户很容易进行模拟或者开发，也是一个很有效的可用于许多领域的研究工具。Net Logo 另一个突出的功能是提供进行探究的环境，即可以允许用户对有关问题进行假设和探究并予以及时的反馈和验证。

Net Logo 具有非常友好的人机界面。它有三个重要的界面，分别是交互界面（Interface Windows）、信息界面（Information Windows）和程序界面（Procedures Windows）。

其中，交互界面是由插入相关变量控件的按钮和人机交互的“black box”可视屏幕组成，实现根据用户设置的相关变量数值显示相应的结果（如在温度、压强等因素变化的情况下微观粒子的运动情况等）。提供给用户一个可自己设计并构建针对特定知识点的计算机模型界面，帮助设计者掌握各变量对某特性的影响。

---

① 项目资助号：REC# 9814682 and REC # 0126227。

② 安装软件需要大约 230M 的硬盘空间和 128M 内存。

③ 该项目的开发组成员还在进一步地研究，一些具有探究性的模型库实例及课程内容正处于开发和试用之中。

信息界面阐述了模型相应的知识点及使用方法。通常包括以下主要问题：①是什么的问题，即简单阐述与模型相关的知识点；②怎么使用的问题，即介绍模型的使用方法；③注意事项和尝试方法，即设计者提出一些由浅入深的问题，使用户通过对模型的操作，并且观察模拟现象，思考解答，从而加深对概念的理解；④模型扩展，即引导使用者在掌握模型的基础上对模型进行衍生修改或者自行设计新的模型；⑤参考文献和书籍，提供模型制作的参考书籍、网站以及鸣谢。

程序界面用于显示设计者编写的 Java 语言。Net Logo 专门设置了这个界面让设计语言可视化，主要是为了方便用户修改和学习设计语言。

另外，还有其他一些用于 Agent 建模的软件，比如麻省理工开发的 Star Logo [34]、基于 C++的 TNG Lab [35]、基于 Java 语言的 JES（Java Enterprise Simulator）[36]，以及 Ascape [37~39] 等。

所有这些工具软件都提供了用于 Agent 建模的基本类库，把适用于所有 Agent 模型的底层机制和功能封装起来，建模设计相当于在固定的框架基础上的二次开发。而且这些工具软件有一个共同发展趋势，即基于 Java 语言，以开放源代码形式开发，这种开发形式可以聚集众多开发者的智慧，而且版本可以不断地更新。

6.3.3.2 工具的比较

在上述工具中最主要的 Agent 建模工具是 Swarm 和 Repast。Swarm 是最早的基于 Agent 的仿真平台，拥有很高的知名度，在世界各地有非常广泛的应用，但是 Swarm 对建模者而言有些复杂。Swarm 的运行环境则比较复杂，它把 Unix 操作系统作为主要的运行平台，在 Windows 操作系统上需要 Cygwin（一种在 Windows 操作系统中仿真 Linux 环境的工具软件）的支持，这使得非计算机专业人员甚至对 Unix 操作不熟悉的计算机专业人员都难以使用。

Swarm 语言基础 Objective-C 在计算机语言中属于小语种，其用户及文档资料都非常少，在国内尤其如此。Swarm 虽然通过 JNI（Java Native Interface）技术提供了 Java 版本的 API（Application Programming Interface），但环境配置比使用 Repast 要复杂。而且 Swarm 中 Java 版本的 API 只是 Objective-C 版本 API 的一个子集，当需要深入编程时仍需要了解 Objective-C。

Robert Tobias 等对主要的 Agent 建模工具进行了比较 [30]，Repast 在文档、建模仿真能力、易用性等方面都位居第一，综合得分最高。Repast 是一个类

Swarm 的仿真软件构架，可以简单地认为 Repast 是 Swarm 简化的 Java 版本，Repast 的很多思想借鉴了 Swarm，并且比 Swarm 简单，其设计目标是：使用方便，容易学习和扩展。另外，Repast 是基于 Java 语言开发的，因此 Repast 可以跨平台，可以移植，而且技术支持力度很高，方便建模者学习。

Repast 具有如下优点[38]：

（1）功能更强大。Repast 在网络结构生成、Agent 的空间关系管理方面更出色，更适合复杂社会网络、商业网点选择等网状结构系统的仿真，而且在仿真数据的显示方面，Repast 也更具优势，其生成的各种图表清晰且美观。

（2）易用性更好。借助于 Java 语言的跨平台特性，Repast 在多个操作系统上的安装、使用都很容易。

（3）语言基础强大。Repast 以 Java 作为其实现语言及仿真模型的编程语言，因此仿真模型的开发人员有丰富的编程资源可供参考。而且 Java 功能强大的类库为 Repast 进一步发展提供了良好的基础。

综上所述，我们选择 Repast 作为演化博弈的仿真平台，另外选择 Borland JBuilder2006 和 Eclipse 作为 Java 语言的开发平台。

JBuilder 是全球领先的跨平台 Java 开发环境，可以用于构建符合工业标准的 Java 应用系统，开发 EJB、Web、XML 以及数据库等各类应用程序。双向、可视化设计工具可以快速构建各种 J2EE 应用程序，并部署至多种应用程序服务器。而目前流行的 Java 开发工具 Eclipse 功能较全面、强大，另外 JBuilder 和 Eclipse 都是基于纯 Java 语言开发的，能够与 Repast 实现无缝连接，而且在 JBuilder2006 和 Eclipse 中都适宜配置 Repast 开发环境。

6.3.4 Repast 仿真平台

一个 Repast 仿真模型基本包括一个 Model 对象、一个 Space 对象和多个 Agent 对象。Model 对象对应着系统仿真模型，Agent 对象对应着系统中的个体，Space 对象对应着 Agent 动作发生的环境或空间。Repast 仿真[39]可以理解为某些类型的 Agent 集合以及负责创建这些 Agent 的 Model 对象，并根据时序表（Schedule）来控制这些 Agent 的行为的过程。时序表控制着 Agent 行为的执行，也控制着 Model 对象的一些动作，比如显示的更新、数据的记录与统计等。Agent 在空间环境（Space 对象）中活动，在 Repast 中空间环境通常是二维结构的矩形网格，但有时候是特定地形的地图。

Repast 仿真分为批处理和非批处理两种方式。在批处理方式下，运行过程中不需要人工干预，程序按照预先制定的顺序读入特定格式的参数文件，然后运行并生成仿真结果；在非批处理方式下，运行一般是以人机交互的方式进行，通过图形界面修改运行过程中的一些参数，然后运行仿真程序。

Repast 仿真过程分为两个阶段，第一个阶段是准备阶段（Setup），第二个阶段是仿真的实际运行阶段。仿真实际运行过程分为连续的时间步（Tick），每个时间步执行一定的动作。Repast 仿真程序的运行界面可以包括控制面板、仿真过程界面、统计结果界面。

6.3.4.1 Repast 主要类库

Repast3.0 版本含有近 560 个类，这些类封装在 18 个库中，还包括许多模型实例。主要类库的简要介绍[39] 如表 6.2 所示。

表 6.2 Repast 主要类库功能说明

类库名	功 能
uchicago.src.sim.engine	引擎库。负责建立、操作和运行仿真过程，包括实现批处理和非批处理方式的 Model 类，如仿真程序的启动、暂停、停止和重启等，还包括建立离散事件调度机制的类，如 Schedule、Action 类
uchicago.src.sim.space	空间库。描述各种空间的基础容量类，包括创建网格、圆环面等二维结构的空间类。所有 Agent 之间都有一定的空间关系，主要包括实现这些空间关系的类
uchicago.src.sim.gui	图形用户接口库。负责仿真过程的界面图形显示，以及图形显示的快照和视频。包括实现 Space 对象及其包含的 Agent 的图形显示的类，还包括实现探测 Agent 当前状态的类
uchicago.src.sim.analysis	分析库。负责收集、记录数据、建立数据表并用图表分析数据
uchicago.src.sim.adaptation	算法库。包括实现遗传和神经网络算法的类
uchicago.src.sim.games	博弈库。包含了一些建立对策论模型（如囚徒问题等）所有的基本类
uchicago.src.sim.parameter	参数库。负责定义参数空间和自动输入不同的参数来实现仿真
uchicago.src.sim.network	网络库。包括实现网络仿真的类，还包括用来从各种格式的文件中读取网络参数，产生“小世界”、随机密度和平方格子网络的类
uchicago.src.sim.util	工具库。提供了一些产生表单、显示信息对话框等的常用方法
anl.repast.gis	地理信息系统库。提供地理信息系统的数据接口类，很多程序使用实际的地理数据，使用这些类可以导入 GIS 的地理数据

6.3.4.2 Repast 仿真流程

进行 Repast 仿真，需要掌握 Repast 的仿真流程，Repast 仿真实现的基本步骤如下：

首先，定义各种类型对象的属性和状态，包括 Agent 或组织的表示，以及 Agent 所使用的表示不活动特点的对象。其次，定义对象所处的环境，即 Space 对象。再次，定义 Agent 的行为准则，也就是 Agent 在环境中如何改变状态，如何与其他 Agent 进行交互。最后，设计程序用户界面。用户界面包括控制面板上的按键、滑动条、开关等组件，以及参数输入的刻度盘以及仿真过程和输出结果的图形显示。

6.3.4.3 Repast 的内部机制

Repast 有两个典型的内部机制，分别是时序表机制和显示机制。

6.3.4.3.1 时序表机制

时序表（Schedule）机制[39]主要负责仿真中用户定义状态的改变。在仿真的实际运行阶段，每一个时间步执行一定的动作会导致模型状态的改变。这些在时间步中执行的动作由 BasiceAciton 的子类来封装。BasicAction 包含一个抽象方法 execute（），所有继承 BasicAction 的子类都必须实现这个方法，也可以由 Schedule 对象自动实现这个方法。动作的调度方式有五种，分别是每个时间步运行一次、特定的时间步运行一次、固定时间间隔运行、仿真暂停和结束的时候运行。

6.3.4.3.2 显示机制

仿真过程界面主要显示两类对象：Agent 和环境。Agent 必须实现 Drawable 接口才能够被显示。环境界面的显示通过三种类来实现：Spaces 类、与 Spaces 对应的 Displays 类以及 Display Surface 类[39]。仿真过程中界面显示的实现流程如下：

首先，在 Model 类中的 setup 方法中创建 Display Surface 对象。

其次，在 Build Display 方法中创建 Display 对象，将所有 Agent 对象加入到 Space 对象中，并将 Space 对象和所有 Agent 对象加入到 Display 对象，然后再将 Display 对象添加到 Display Surface 对象中。

最后，调用 Display Surface 对象的 updatedisplay 方法，即可显示环境界面。

仿真过程界面的实际绘制过程由 Repast 内部的显示机制负责。显示机制[39]与 Gui 类库中的一些类相关，除了与环境界面相关的类外，还包括与显示和空间类相关联的各种 Drawable 接口、LocalPainter 类和 Display Surface 类。

显示机制的实质是每一个对象容器（例如 Display Surface）把实际的图像绘

制责任委托给自己包含的对象，当这些对象也是一个对象容器时，将会类似递归过程，逐级委托下去直到包含对象不是对象容器为止，这时对象开始绘制图像。

6.3.4.4 Repast 仿真程序框架

通过跟踪 Repast 仿真程序的执行过程，可以确定程序框架中几个主要方法的执行顺序，即 setup( )->getInitParam( )->begin( )->buildModel( )->buildSchedule( )->buildDisplay( )-> step( )，在这些方法中，主要确定 setup 阶段和 step 阶段的动作就可以实现 Repast 仿真，方法的功能如表 6.3 所示。

表 6.3 Repast 仿真模型中主要方法的功能介绍

方 法	功 能
setup ( )	仿真部署。在仿真程序第一次运行时被系统自动调用。由于仿真程序在交互运行方式下可以被运行多次，每次在 Repast 的图形控制界面上按 setup 按钮时该方法也会被系统自动调用。该方法用于仿真模型定义类的参数初始化[38]
getInitParam ( )	返回用户需要显示和通过界面调整的描述变量的字符数组，为模型类的变量赋值
begin ( )	准备模型的运行，以及调用 buildDisplay、buildGraphs、buildModel 三个方法
buildModel ( )	创建模型的方法。创建仿真的 Agent 和 Space，还可以包括数据收集对象
buildDisplay ( )	创建图形界面方法，在批处理方式下可不包含这个方法。创建仿真程序的可视化显示方式，并建立可视化显示对象与数据源对象的绑定关系
buildSchedule ( )	建立仿真模型的行为（Action）对象及调度关系
step ( )	每一个时间步执行的动作，动态改变模型的状态，在时间步中执行的动作由 BasiceAciton 的子类封装。在每一时间步循环遍历所有的 Agent，并调用 Agent 所定义的 step 方法，以及 displaySurf.updateDisplay 方法，有可能调用各种图形的 step 方法，完成对模型的更新

根据对仿真过程的跟踪，得到 Repast 仿真流程与仿真模型中主要方法的对应关系，如图 6.1 所示。

6.3.4.5 Repast 的相关资源链接

（1）美国 Arizona 大学 John T.Murphy 的 Repast 教程介绍了一些 Java 和 Eclipse（一种开放式多语言集成开发环境）知识，见 http：//www.u.arizona.edu/~jtmurphy/H2R/main.htm。

（2）Repast 主页：http：//Repast.sourceforge.net/。

（3）Repast 的 Howto 文档，Repast 安装完毕后在安装目录下，如 C：\Program Files\Repast-2.0\docs\how_to\how_to.html。

（4）入门教程 1：http：//complexityworkshop.com/tutorial/Repast/index.html。

（5）入门教程 2：http：//www.agent2003.anl.gov/tutorials/tutorials.html。

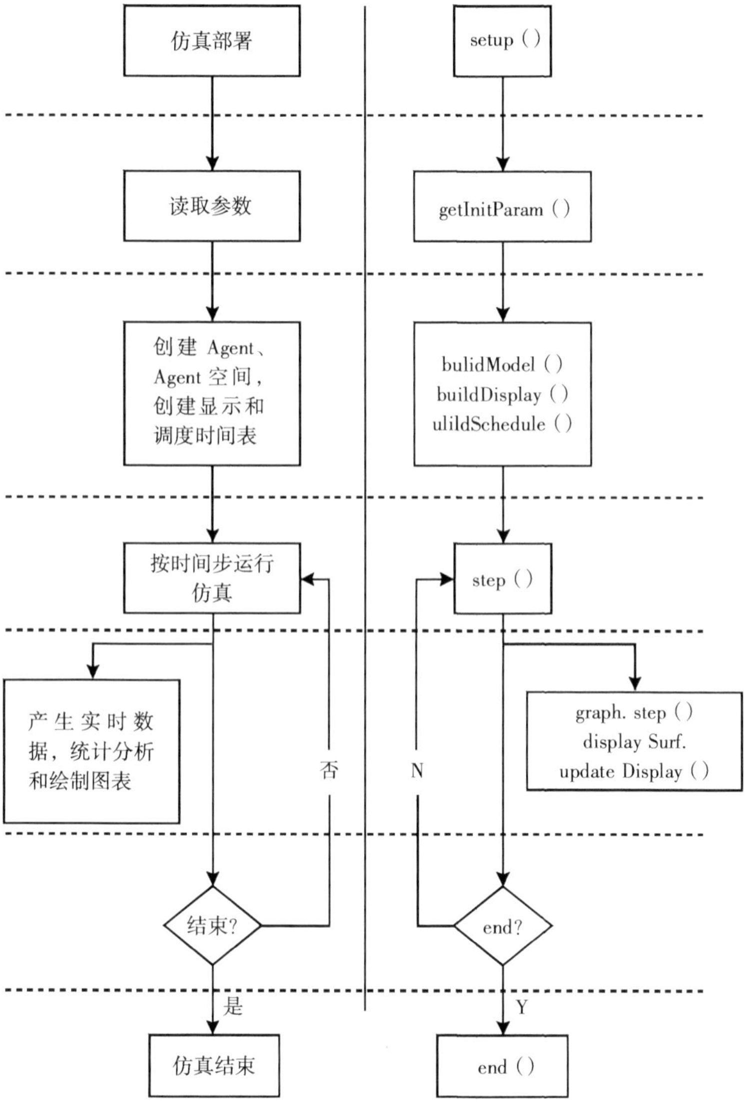

图 6.1　Repast 仿真流程与仿真模型中主要方法的对应关系

6.4 防守博弈下信息安全投资演化博弈的进化稳定策略及仿真

进化稳定策略（Evolutionary Stable Strategy，ESS）是演化博弈论中具有真正稳定性的均衡，能够有效预测博弈方群体行为的长期稳定趋势。由于演化博弈是博弈论中的一个新领域，国内外对于演化博弈的仿真还不多见。在本书中，笔者探索利用 Repast 仿真工具，通过 JBuilder2006 开发平台进行仿真验证。

6.4.1 $x_a^* \leqslant 0$ 时的进化稳定策略及仿真

当 $x_a^* \leqslant 0$ 时，将 $\frac{C+pqL-pL-I}{pqL} \leqslant 0$ 化简可得 $C \leqslant pL+I-pqL$。由于采用投资信息安全策略的企业组织比例 x 的取值范围为 $0 \leqslant x \leqslant 1$，所以信息安全投资演化博弈的复制动态就只有两个稳定状态，即 $x_b^*=0$ 和 $x_c^*=0$。在这两个复制动态的稳定状态中，能够成为进化稳定策略 ESS 的均衡，必须能抵抗微小偏离的扰动，是具有稳健性的均衡状态。如果某些博弈方由于偶然的错误偏离了 ESS，复制动态仍然会使比例 x 恢复到 ESS 的水平。具体的数学分析就是，当干扰使 x 低于 ESS 时，$\frac{dx}{dt}=x(1-x)[pqLx+(pL+I-C-pqL)]$ 必须大于 0；当干扰使 x 高于 ESS 时，$\frac{dx}{dt}=x(1-x)[pqLx+(pL+I-C-pqL)]$ 必须小于 0。用复制动态方程的相位图表示就是，复制动态曲线与水平坐标轴相交并且交点处切线斜率为负的点就是演化博弈复制动态的进化稳定策略 ESS。

$x_a^* \leqslant 0$ 时信息安全投资演化博弈的复制动态方程相位图如图 6.2 所示。

在图 6.2 中，在其复制动态曲线与水平坐标轴的两个交点 $x_b^*=0$ 和 $x_c^*=1$ 中，只有 $x_c^*=1$ 处的切线斜率为负，而 $x_b^*=0$ 处的切线斜率为正。所以，当 $x_a^* \leqslant 0$ 时，$x_c^*=1$ 为信息安全演化博弈的进化稳定策略，而 $x_b^*=0$ 不是信息安全演化博弈的进化稳定策略。

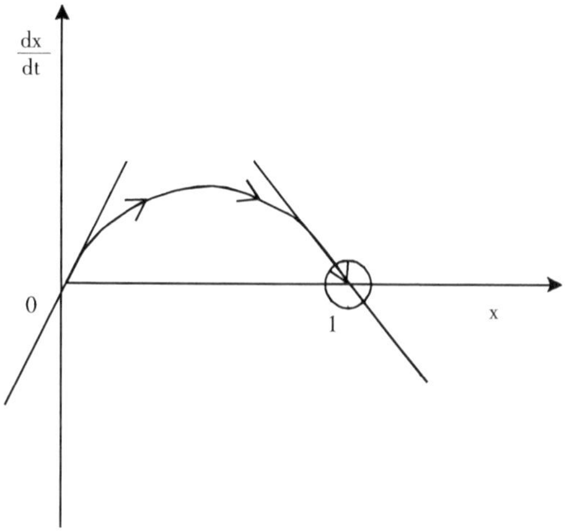

图 6.2　$x_a^* \leqslant 0$ 时的复制动态方程相位图

对 $x_a^* \leqslant 0$ 时信息安全投资演化博弈的进化稳定策略利用基于 Java 的 Repast 进行仿真验证。根据 $x_a^* \leqslant 0$ 设置的仿真输入参数如表 6.4 所示。

表 6.4　$x_a^* \leqslant 0$ 时的仿真输入参数

E	I	L	p	q	C	x
10	6	9	0.6	0.4	5	0.1

仿真初始阶段的总体策略选择如图 6.3 所示，图中的 100 个 Agent 代表 100 个企业组织，浅灰色代表选择的策略为进行信息安全投资，而深灰色代表选择的策略为不进行信息安全投资，起初只有 10%的企业组织选择投资信息安全。

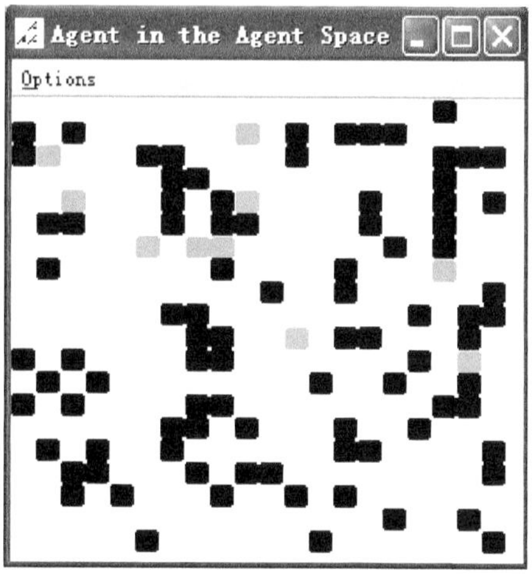

图 6.3　$x_a^* \leqslant 0$ 时总体策略选择的初始图

随着演化机制的仿真运行，采用投资信息安全策略的企业组织比例逐渐提高，图 6.4 为采用投资信息安全策略的企业组织比例提高为 50%时的阶段图。

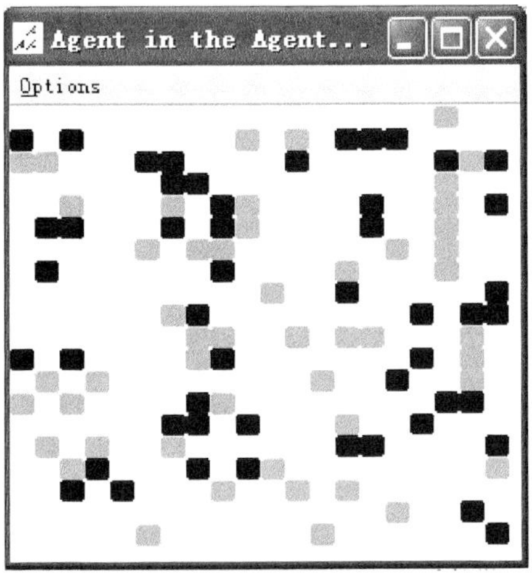

图 6.4　$x_a^* \leq 0$ 时总体策略选择的阶段图

演化仿真的最终运行结果为所有的企业组织都选择投资信息安全策略，如图 6.5 所示。

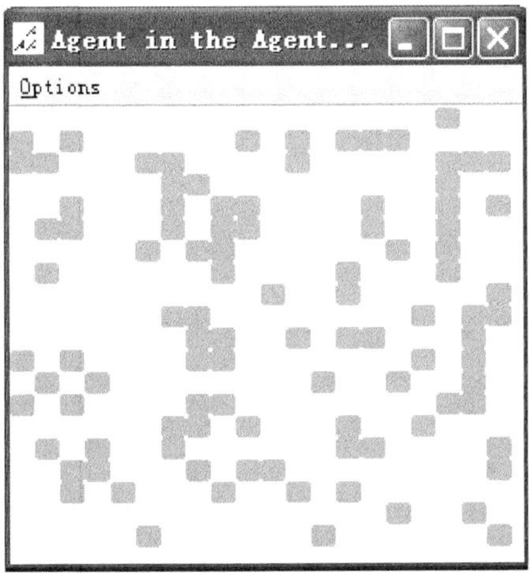

图 6.5　$x_a^* \leq 0$ 时总体策略选择的稳定趋势图

在此演化过程中，采用投资信息安全策略比例由 10%提高为 50%时的演化图如图 6.6 所示。

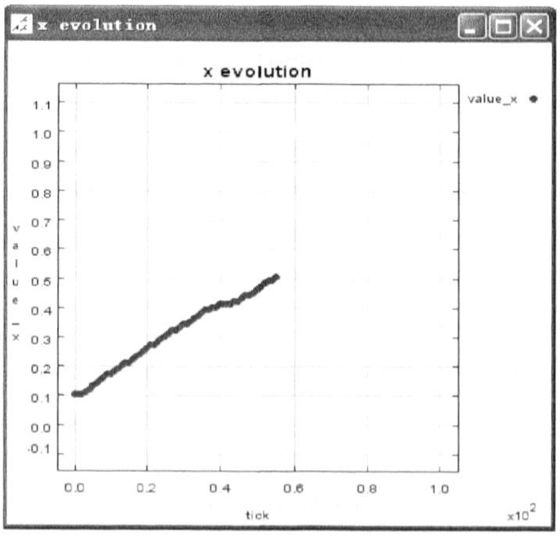

图 6.6　$x_a^* \leq 0$ 时投资比例由 10%到 50%的演化图

完整的投资比例的演化图如图 6.7 所示。

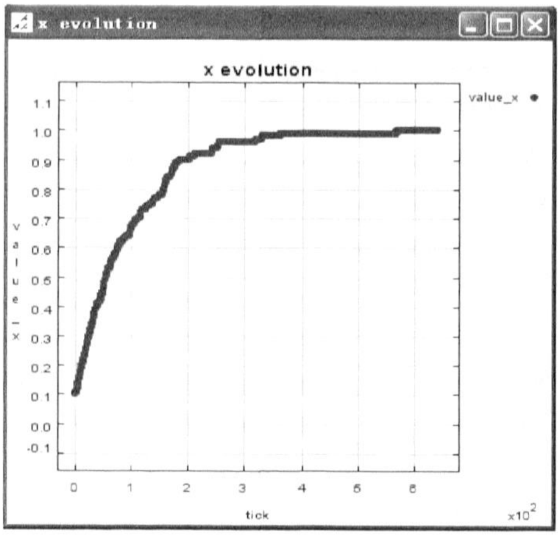

图 6.7　$x_a^* \leq 0$ 时投资比例的演化趋势图

因此，当 $x_a^* \leq 0$ 时，演化博弈的仿真结果验证了复制动态的进化稳定策略，投资比例 x 会逐渐趋近于 1，所有的企业组织通过长期演化最终都会选择投资信息安全的策略。这种演化结果解释了现实社会的实际情况。当 $x_a^* \leq 0$，也就是 $C \leq pL + I - pqL$ 时，由于信息安全投资成本较小，现实社会中的企业组织在长期的演化过程中采用投资信息安全策略的企业组织比例 x 会逐渐趋近于 1。也就是说，较低的信息安全投资成本使得所有企业组织都投资于信息安全，即使有少量企业不进行信息安全投资，由于投资的期望收益要高于不投资的期望收益，这些不投资的企业在发现投资的好处之后就会不断模仿成功企业的投资策略，恢复到所有企业组织都投资信息安全的进化稳定策略状态。

将此演化博弈的结果与上述完全信息静态博弈下的纳什均衡进行比较。在完全信息静态博弈纯策略纳什均衡分析中，两组织取得（投资，投资）为博弈均衡的充分必要条件为

$$\begin{cases} C < pL + I \\ C < p(1-q)L + I \end{cases} \tag{6.10}$$

可见，演化博弈的分析结果与完全信息静态博弈下的纳什均衡分析结果是一致的。有限理性的博弈方通过学习和模仿的过程最终找到了信息安全投资博弈比较有效率的纳什均衡，有限理性博弈的复制动态机制支持完全信息静态博弈下的纳什均衡分析，加强了博弈论整体的理论基础。

6.4.2 $x^*_a \geqslant 1$ 时的进化稳定策略

当 $x^*_a \geqslant 1$，也就是 $C \geqslant pL + I$ 时，由于比例 x 的取值范围为 $0 \leqslant x \leqslant 1$，所以信息安全投资演化博弈的复制动态仍然只有两个稳定状态，即 $x^*_b = 0$ 和 $x^*_c = 1$。对于这两个稳定状态，考察它们的邻域稳定性仍然可以利用复制动态方程的相位图进行分析，复制动态曲线与水平坐标轴相交并且交点处切线斜率为负的点就是演化博弈复制动态的进化稳定策略 ESS。$x^*_a \geqslant 1$ 时的复制动态方程相位图如图 6.8 所示。

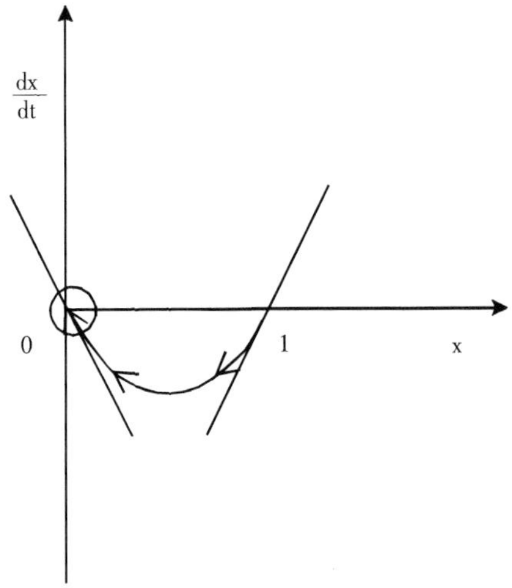

图 6.8　$x^*_a \geqslant 1$ 时的复制动态方程相位图

在图 6.8 中，$x_b^*=0$ 和 $x_c^*=1$ 是复制动态曲线与水平坐标轴的两个交点，在这两个交点中，$x_b^*=0$ 处的切线斜率为负，而 $x_c^*=1$ 处的切线斜率为正。所以，当 $x_a^*\geq 1$ 时，$x_b^*=0$ 为信息安全演化博弈的进化稳定策略，而 $x_c^*=1$ 不是信息安全演化博弈的进化稳定策略。

对 $x_a^*\geq 1$ 时的进化稳定策略进行仿真验证。此时的仿真输入参数如表 6.5 所示：

表 6.5　$x_a^*\geq 1$ 时的仿真输入参数

E	I	L	p	q	C	x
10	6	9	0.6	0.4	15	0.9

仿真初始阶段的总体策略选择如图 6.9 所示，在此初始阶段，采用投资信息安全策略的博弈方比例为 90%。

随着演化机制的仿真运行，采用投资信息安全策略的企业组织比例逐渐降低，图 6.10 为采用投资信息安全策略的企业组织比例降低为 50%时的阶段图。

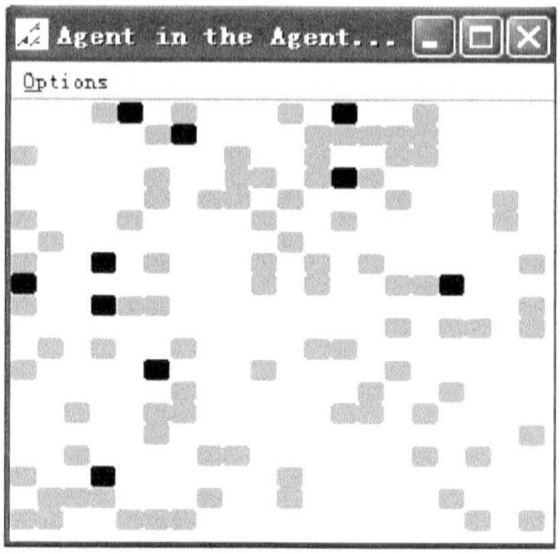

图 6.9　$x_a^*\geq 1$ 时总体策略选择的初始图

图 6.10　$x_a^*\geq 1$ 时总体策略选择的阶段图

演化仿真的最终运行结果为所有的企业组织都选择不投资信息安全策略，如图 6.11 所示。

在此演化过程中，采用投资信息安全策略比例由 90%降低为 50%时的演化图如图 6.12 所示。

完整的 $x_a^*\geq 1$ 时采用投资信息安全策略比例的演化图如图 6.13 所示。

因此，$x_a^*\geq 1$ 时的仿真结果验证了此时的进化稳定策略为 $x_b^*=0$。这种演化结

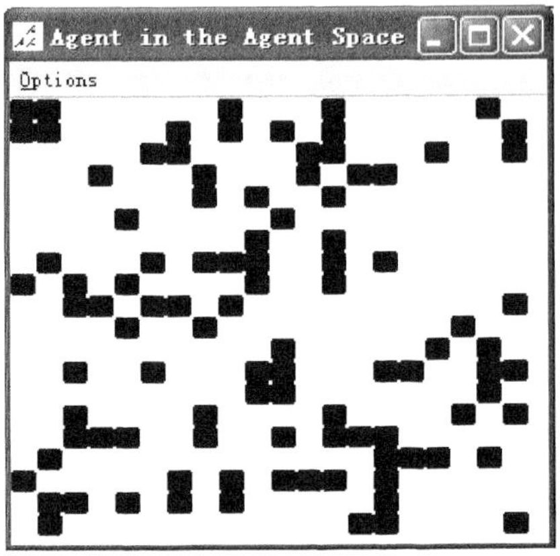

图 6.11 $x_a^*\geq 1$时总体策略选择的稳定趋势图

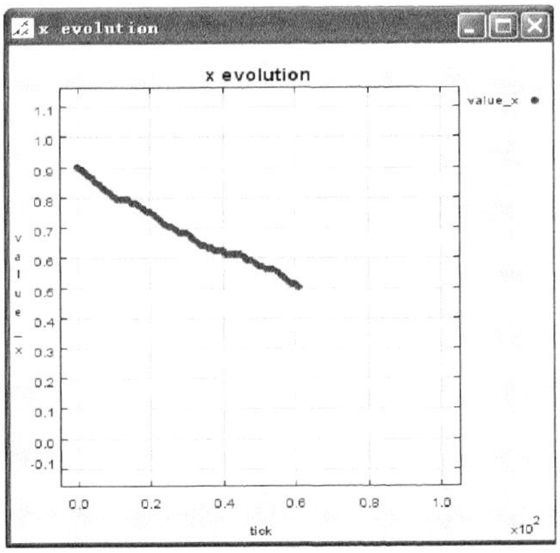

图 6.12 $x_a^*\geq 1$ 时投资比例由 90%到 50%的演化图

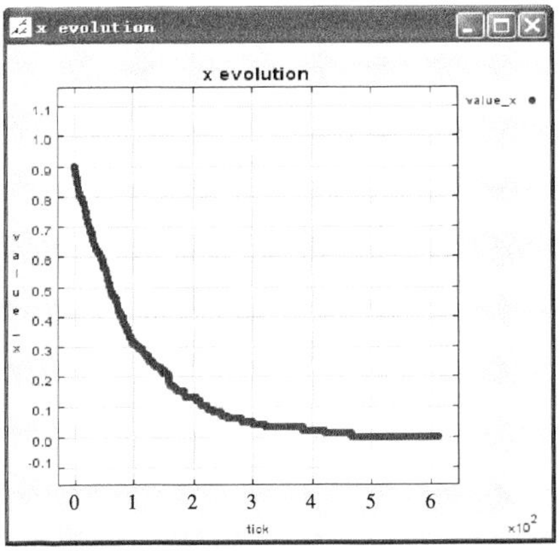

图 6.13 $x_a^*\geq 1$ 时投资比例的演化趋势图

果与现实情况也是一致的。在 $x_a^*\geq 1$ 的情况下，$C\geq pL+I$，由于这时的信息安全投资成本较大，企业组织大都倾向于不进行信息安全投资，所以现实社会中的企业组织在长期的演化过程中采用投资信息安全策略的企业组织比例 x 会逐渐趋近于 0。即使有少量企业进行了投资，由于投资的期望收益要低于不投资的期望收益，这些投资的企业也会恢复到不投资的状态。因此，提高信息安全技术、降低信息安全成本势在必行，否则过高的信息安全投资成本会使得全社会的企业组织都逐渐停止信息安全投资，后果将不堪设想。

$x_a^*\geq 1$ 时的演化博弈分析结果与完全信息静态博弈下的纳什均衡分析结果也是相互支持的。在纯策略纳什均衡分析中，博弈各方都进行信息安全投资的充要

条件为

$$\begin{cases} C < pL + I \\ C < p(1-q)L + I \end{cases}$$

而在演化博弈分析中，$C \geqslant pL + I$ 时企业组织逐渐都倾向于不投资信息安全。所以，两种博弈分析的结果是一致的。

6.4.3 $0 < x_a^* < 1$ 时的进化稳定策略

将 $0 < x_a^* < 1$ 化简可得 $pL + I - pqL < C < pL + I$，这时信息安全投资演化博弈的复制动态共有三个稳定状态，即 $x_a^* = \frac{C + pqL - pL - I}{pqL}$，$x_b^* = 0$，$x_c^* = 1$。演化博弈复制动态的进化稳定策略 ESS 通过下面的复制动态方程的相位图进行分析。

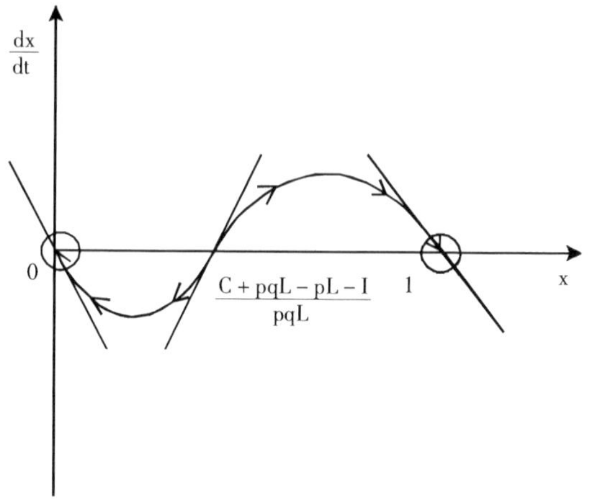

图 6.14 $0 < x_a^* < 1$ 时的复制动态方程相位图

在图 6.14 中，复制动态曲线与水平坐标轴相交的交点分别为 $x_b^* = 0$，$x_a^* = \frac{C + pqL - pL - I}{pqL}$，$x_c^* = 1$。交点处切线斜率为负的点是 $x_b^* = 0$ 和 $x_c^* = 1$，而 $x_a^* = \frac{C + pqL - pL - I}{pqL}$ 处的切线斜率为正。所以，$x_b^* = 0$ 和 $x_c^* = 1$ 是 $0 < x_a^* < 1$ 时的进化稳定策略 ESS，$x_a^* = \frac{C + pqL - pL - I}{pqL}$ 不是此时的进化稳定策略。

根据复制动态相位图，当初始的投资信息安全策略比例 x 落在区间 $(0, x_a^*)$ 时，复制动态会趋向于进化稳定策略 $x_b^* = 0$，也就是所有博弈方都不投资信息安全。而当初始的投资信息安全策略比例 x 落在区间（x_a^*，1）时，复制动态则会趋向于进化稳定策略 $x_c^*=1$，即所有博弈方都投资信息安全。

对 $0<x_a^*<1$ 时的进化稳定策略进行仿真验证。对于初始比例 x 在区间（0，x_a^*）时的情况，相应的仿真输入参数如表 6.6 所示。

表 6.6　$0<x_a^*<1$ 时在 $0<x<x_a^*$ 情况下的仿真输入参数

E	I	L	p	q	C	x
10	6	9	0.6	0.4	10	0.3

当 $0<x_a^*<1$ 时，在 $0<x<x_a^*$ 情况下的初始阶段，采用投资信息安全策略的博弈方比例为 30%，总体策略选择如图 6.15 所示。

随着演化机制的仿真运行，采用投资信息安全策略的企业组织比例逐渐降低，图 6.16 为采用投资信息安全策略的企业组织比例降低为 15%时的阶段图。

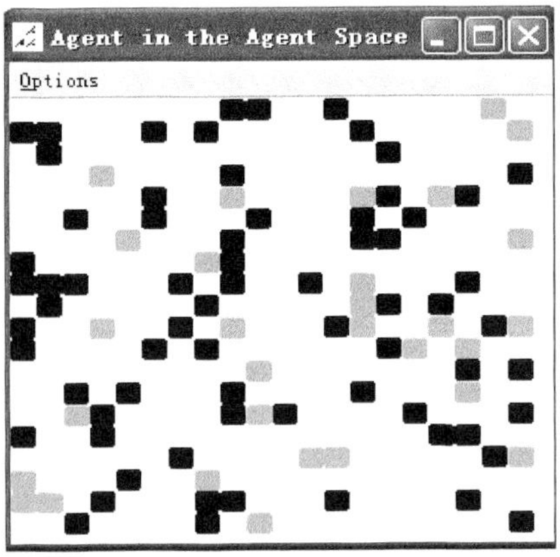

图 6.15　$0<x_a^*<1$ 时在 $0<x<x_a^*$ 情况下总体策略选择的初始图

图 6.16　$0<x_a^*<1$ 时在 $0<x<x_a^*$ 情况下总体策略选择的阶段图

演化仿真的最终运行结果为所有的企业组织都选择不投资信息安全策略，如图 6.17 所示。

在此演化过程中，采用投资信息安全策略比例由 30%降低为 15%时的演化图如图 6.18 所示。

当 $0<x_a^*<1$ 时，在 $0<x<x_a^*$ 的情况下采用投资信息安全策略比例的完整的演化图如图 6.19 所示。

当 $0<x_a^*<1$ 时，对于初始比例 x 在区间（x_a^*，1）的情况，相应的仿真输入参数如表 6.7 所示。

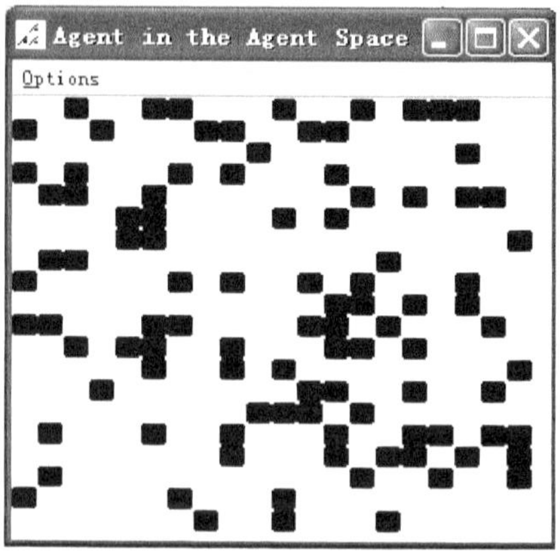

图 6.17　$0<x_a^*<1$ 时在 $0<x<x_a^*$ 情况下总体策略选择的稳定趋势图

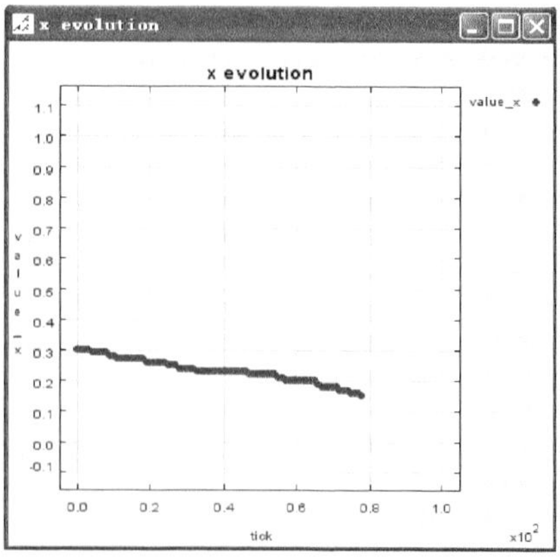

图 6.18　$0<x_a^*<1$ 时在 $0<x<x_a^*$ 情况下投资比例由 30%到 15%的演化图

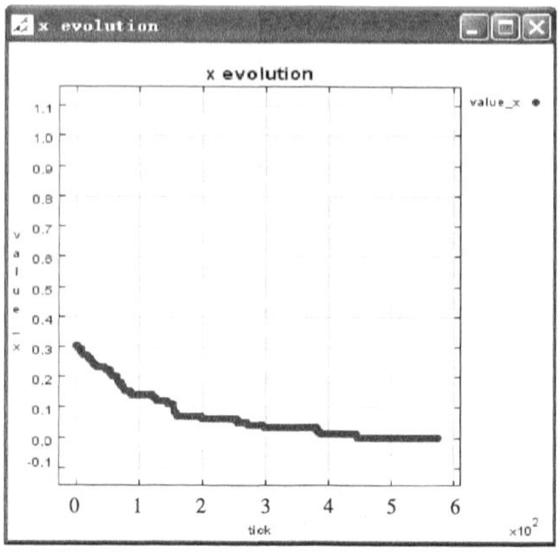

图 6.19　$0<x_a^*<1$ 时在 $0<x<x_a^*$ 情况下投资比例的演化趋势图

表 6.7　$0<x_a^*<1$ 时在 $x_a^*<x<1$ 情况下的仿真输入参数

E	I	L	p	q	C	x
10	6	9	0.6	0.4	10	0.4

当 $0<x_a^*<1$ 时，在 $x_a^*<x<1$ 的情况下，初始阶段采用投资信息安全策略的博弈方比例为 40%，此时的总体策略选择如图 6.20 所示。

随着演化机制的仿真运行，采用投资信息安全策略的博弈方比例逐渐提高，图 6.21 为采用投资信息安全策略的企业组织比例提高为 70%时的阶段图。

演化仿真的最终运行结果为所有的企业组织都选择投资信息安全策略，如图 6.22 所示。

图 6.20　$0 < x_a^* < 1$ 时在 $x_a^* < x < 1$ 情况下总体策略选择的初始图

图 6.21　$0 < x_a^* < 1$ 时在 $x_a^* < x < 1$ 情况下总体策略选择的阶段图

在此演化过程中，采用投资信息安全策略比例由 40%提高为 70%时的演化图如图 6.23 所示。

图 6.22　$0 < x_a^* < 1$ 时在 $x_a^* < x < 1$ 情况下总体策略选择的稳定趋势图

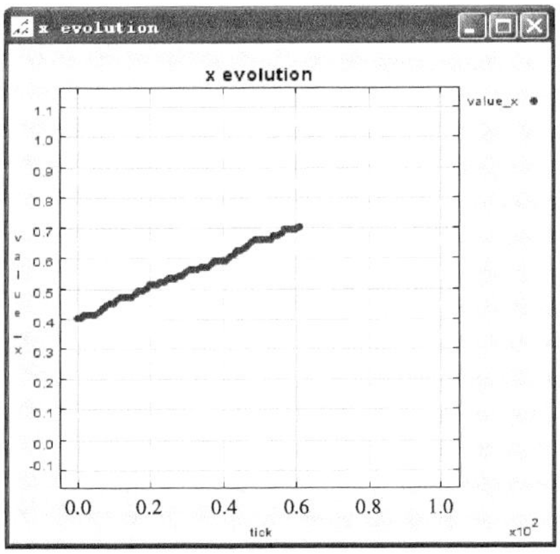

图 6.23　$0 < x_a^* < 1$ 时在 $x_a^* < x < 1$ 情况下投资比例由 40% 到 70% 的演化图

当 $0 < x_a^* < 1$ 时，在 $x_a^* < x < 1$ 的情况下采用投资信息安全策略比例的完整的演化图如图 6.24 所示。

因此，$0 < x_a^* < 1$ 时的仿真完全验证了此时的进化稳定策略。这种演化结果很好地解释了现实世界的实际情况。在现实世界，只有投资信息安全的企业组织较多，比例超过 x_a^* 时，企业组织间病毒传播等负外部性作用才会比较小，并且已投资信息安全的企业组织才会对其他组织产生积极的示范效应，从而投资信息安

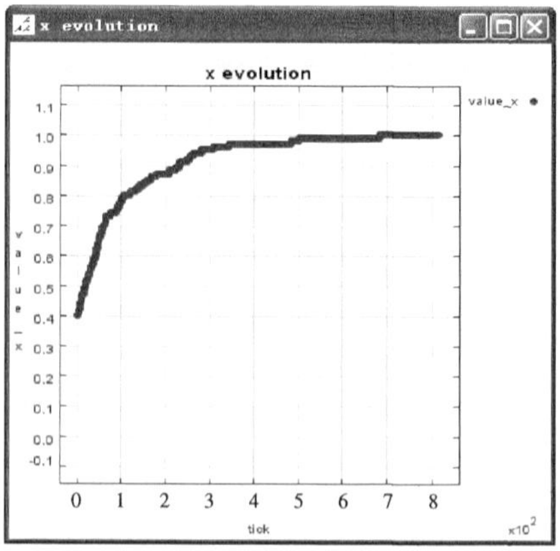

图 6.24　$0<x_a^*<1$ 时在 $x_a^*<x<1$ 情况下投资比例的演化趋势图

全的企业组织不断增加，直到所有的企业组织都进行信息安全投资。为了尽可能达到这个理想的均衡结果，应该使 x_a^* 越靠近坐标轴的原点越好，也就是 $pL+I-pqL<C<pL+I$ 中的信息安全投资成本 C 越靠近左侧的 $pL+I-pqL$ 越理想。因此，有效降低信息安全的投资成本是促使现实世界中所有的企业组织都投资信息安全的关键。

6.5　防守博弈下引入惩罚变量的信息安全投资演化博弈

对于引入惩罚变量 P_1 的信息安全投资决策博弈，仍然可以进行相应的演化博弈分析，并且分析结果有助于成本约束条件不满足的情况下理想进化稳定策略的实现（见表 6.8）。

在带惩罚变量的信息安全投资决策博弈模型中，首先建立相应的演化博弈复制动态。

假设现实社会中采用投资信息安全策略的企业组织比例为 x，采用不投资信息安全策略的企业组织比例则为 1－x。上面引入惩罚变量的博弈模型中采用投资信息安全策略博弈方的期望得益如式（6.11）所示。

表 6.8 带惩罚变量的两组织信息安全投资决策博弈模型

组织一	组织二	
	投 资	不投资
投 资	$E-C+I$, $E-C+I$	$E-C-qL+I$, $E-pL-P_1$
不投资	$E-pL-P_1$, $E-C-qL+I$	$E-pL-(1-p)qL-P_1$, $E-pL-(1-p)qL-P_1$

$$u_i = x(E-C+I)+(1-x)(E-C-qL+I) \tag{6.11}$$

而采用不投资信息安全策略博弈方的期望得益则为

$$u_n = x(E-pL-P_1)+(1-x)[E-pL-(1-p)qL-P_1] \tag{6.12}$$

平均得益就可以通过

$$\bar{u} = xu_i+(1-x)u_n \tag{6.13}$$

进行计算，进而可以计算出相应的复制动态：

$$\frac{dx}{dt} = x(1-x)[pqLx+(P_1+pL+I-C-pqL)] \tag{6.14}$$

在此基础上，对引入惩罚变量的信息安全投资决策模型进行进化稳定策略分析。令

$$\frac{dx}{dt} = x(1-x)[pqLx+(P_1+pL+I-C-pqL)]=0 \tag{6.15}$$

求解可以得出三个稳定状态：

$$x_a^{*'} = \frac{C+pqL-pL-I}{pqL},\quad x_b^{*'}=0,\quad x_c^{*'}=1 \tag{6.16}$$

根据 $x_a^{*'}$ 的取值情况，仍然讨论三种情况下的进化稳定策略。

6.5.1 $x_a^{*'}\leqslant 0$ 时的进化稳定策略分析

当 $x_a^{*'}\leqslant 0$ 时，$\frac{C+pqL-pL-I-P}{pqL}\leqslant 0$ 化简可得 $C\leqslant P_1+pL+I-pqL$，在此时的复制动态相位图中，只有 $x_c^{*'}=1$ 是进化稳定策略，这与前面的分析是一致的。

与前面分析不同的是，得到 $x_c^{*'}=1$ 的进化稳定策略所需的成本约束条件得到了放松。在未引入惩罚变量的情况下，得到此进化稳定策略的成本约束条件为 $C\leqslant pL+I-pqL$。而引入惩罚变量之后，可以所有信息安全投资方都进行安全投资的进化稳定策略的约束条件放宽为 $C\leqslant P_1+pL+I-pqL$。也就是说，如果信息

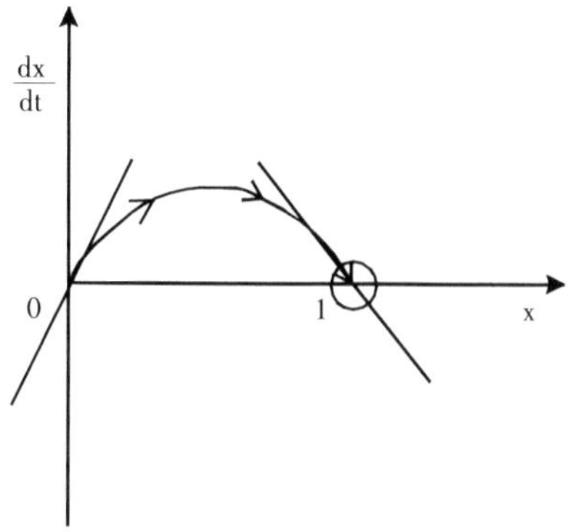

图 6.25　$x_a^{*'} \leqslant 0$ 时的复制动态方程相位图

安全投资成本较大，超过了 $pL + I - pqL$，则可以调解惩罚变量 P_1，同样可以得到 $x_c^{*'} = 1$ 的所有组织都投资于信息安全的理想均衡。

6.5.2　$x_a^{*'} \geqslant 1$ 时的进化稳定策略分析

$x_a^{*'} \geqslant 1$ 意味着 $C \geqslant pL + I + P_1$，在此时的复制动态相位图中，$x_b^{*'} = 0$ 为进化稳定策略。相比未引入惩罚变量时的博弈，$C \geqslant PL + I$ 是得到 $x_b^{*'} = 0$ 的成本条件。此时在引入惩罚变量之后，得到同样进化稳定策略的成本约束条件提高为 $C \geqslant PL + I + P_1$。因而通过惩罚变量的调解，可以减少达到 $x_b^{*'} = 0$ 这种所有博弈方都不投资信息安全的进化稳定策略的可能性。可见，惩罚变量能够起到减少达到非理想均衡策略的作用。

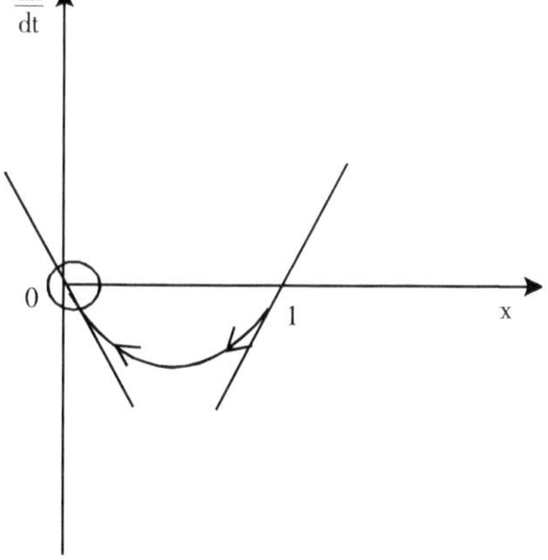

图 6.26　$x_a^{*'} \geqslant 1$ 时的复制动态方程相位图

6.5.3 $0 < x_a^{*'} < 1$时的进化稳定策略分析

$0 < x_a^{*'} < 1$的化简形式为$P_1 + pL + I - pqL < C < pL + I + P_1$。这时，复制动态共有三个稳定状态，即$x_a^{*'} = \frac{C + pqL - pL - I}{pqL}$，$x_b^{*'} = 0$，$x_c^{*'} = 1$。$0 < x_a^{*'} < 1$情况下的复制动态相位图如图 6.27 所示：

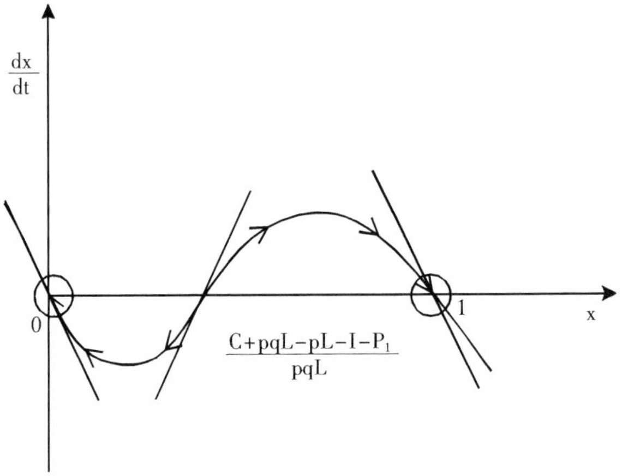

图 6.27 $0 < x_a^{*'} < 1$时的复制动态方程相位图

由图 6.27 可知，$x_b^{*'} = 0$和$x_c^{*'} = 1$是此时的进化稳定策略。当投资信息安全的初始比例落在$\left(\frac{C + pqL - pL - I - P_1}{pqL}, 1\right)$区间时，复制动态趋近于$x_c^{*'} = 1$；而当初始比例落在$\left(0, \frac{C + pqL - pL - I - P_1}{pqL}\right)$区间时，复制动态则趋近于$x_b^{*'} = 0$。为了尽可能达到$x_c^{*'} = 1$的理想进化稳定策略，必须使得$\frac{C + pqL - pL - I - P_1}{pqL}$越靠近坐标原点越好。

惩罚变量的存在恰好解决了这一问题。通过加大惩罚力度，提高惩罚变量的值，$\frac{C + pqL - pL - I - P_1}{pqL}$越接近坐标原点，也就更能实现$x_c^{*'} = 1$的理想进化稳定策略。由此可见，惩罚变量的引入能够促使组织选择投资信息安全的策略。

6.6 小 结

本部分利用演化博弈论研究了防守博弈下基于创新保护的企业组织的信息安全投资难题。根据信息安全投资决策博弈模型，对于现实社会中投资主体的有限理性，利用演化博弈论中的复制动态进行分析，确定防守博弈下信息安全投资演化博弈的进化稳定策略。针对信息安全投资博弈模型中的成本等要素，讨论了三种情况下的进化稳定策略，并且信息安全投资的演化博弈分析结果支持完全信息静态博弈下的纳什均衡分析，体现了信息安全投资博弈的整体性。信息安全投资演化博弈的分析结果显示出信息安全投资成本在促使企业组织投资信息安全中的重要作用，并合理预测了现实社会中基于防守博弈的信息安全投资的长期变化趋势。特别地，在成本约束条件不满足的情况下，惩罚变量的引入也有助于理想进化稳定策略的实现。对于防守博弈下信息安全投资演化博弈的进化稳定策略，探索通过 Repast 的多 Agent 仿真平台进行演化博弈的仿真验证，实验结果很好地验证了演化博弈的进化稳定策略。

参考文献

[1] Nash J. Non-Cooperative Games：[dissertation]. NewJersey：Princeton University，1950.

[2] Weibull J. Evolutionary Game Theory. Cambridge：MIT Press，1995.

[3] Maynard S. The Theory of Games and the Evolution of Animal Conflict. Journal of Theory Biology，1973，47 (1).

[4] Maynard S.，Price G. The Logic of Animal Conflicts. Nature，1973，246 (5427).

[5] Kosfeld M. Why Shops Close Again：An Evolutionary Perspective on the Deregulation of Shopping Hours. European Economic Review，2002，46 (1).

[6] Bester H.，Guth W. Is Altruism Evolutionarily Stable. Journal of Economic Behavior & Organization，1998，34 (2).

[7] Skyrms，Brian. Deliberational Equilibria. Topoi，1986，5 (1).

[8] Friedman D.，Fung K. International Trade and the Internal Organization of Firms：An Evolutionary Approach. Journal of International Economics，1996，41 (1-2) .

[9] Friedman D. Evolutionary Games in Economics. Econometrica, 1991, 59 (2).

[10] 谢识予. 有限理性条件下的进化博弈理论 [J]. 上海财经大学学报, 2001, 3 (5).

[11] Taylor P. D., Jonker L. B. Evolutionarily Stable Strategies and Game Dynamics. Mathematical Bioscience, 1978 (40).

[12] Borgers T., Sarin R. Learning through Reinforcement and Replicator Dynamics. Journal of Economic Theory, 1997, 77 (1).

[13] 邓宏钟, 谭跃进. 多人混合博弈的仿真分析 [J]. 管理科学学报, 2002, 5 (4).

[14] 赵纯均, 华立. Multiagent 仿真与资源稀缺下的适应行为 [J]. 管理科学学报, 1999, 2 (4).

[15] 李宏亮, 程华, 金士尧. 基于 Agent 的复杂系统分布仿真建模方法的研究 [J]. 计算机工程与应用, 2007, 43 (8).

[16] Holland J. Emergence from Chaos to Order. California: Addison-Wesley Publishing Company, 1998.

[17] Holland J. Hidden Order How Adaptation Builds Complexity. California: Addison-Wesley Publishing Company, 1995.

[18] Standish R. On complexity and emergence, High Performance Computing Support Unit University of New South Wales. http: //parallel.hpc.unsw.edu.ar/rks.

[19] 郝柏林. 复杂性的刻画与"复杂性科学"[J]. 科学 (上海), 1999, 51 (3).

[20] 谭跃进, 高世楫, 周曼殊. 系统学原理 [M]. 长沙: 国防科技大学出版社, 1996.

[21] 王正中. 复杂系统仿真方法及应用 [J]. 计算机仿真, 2001, 18 (1).

[22] 赵光武. 还原论与整体论相结合探索复杂性 [J]. 北京大学学报 (哲学社会科学版), 2002, 39 (6).

[23] 方美琪, 张树人. 复杂系统建模与仿真 [M]. 北京: 中国人民大学出版社, 2005.

[24] 傅星, 林寅. 分布式多主体仿真的开发环境研究 [J]. 计算机工程与应用, 2005 (2).

[25] 王利. 基于主体的仿真建模工具 [J]. 计算机教育, 2005 (2).

[26] http: //www.swarm.org/.

[27] 曹慕昆, 冯玉强. 基于多 Agent 计算机仿真实验平台 Swarm 的综述 [J]. 计算机应用研究, 2005 (9).

[28] Swarm Development Group. A Tutorial Introduction to Swarm. http: //www.swarm.org/csss-tutorial/frames.html.

[29] http: //repast.sourceforge.net/.

[30] Tobias R., Hofmann C. Evaluation of Free Java-libraries for Social-scientific Agent Based Simulation. Journal of Artificial Societies and Social Simulation, 2004, 7 (1).

[31] 郝成民，刘湘伟，郭世杰. Repast：基于 Agent 建模仿真的可扩展平台 [J]. 计算机仿真，2007，24（11）.

[32] North M.，Collier N.，Vos J. Experiences Creating Three Implementations of the Repast Agent Modeling Toolkit. ACM Transactions on Modeling and Computer Simulation，2006，16（1）.

[33] http：//ccl.northwestern.edu/netlogo/.

[34] StarLogo on the web. http：//education.mit.edu/starlogo/.

[35] TNGLab Overview. http：//www.econ.iastate.edu/tesfatsi/tnghome.htm.

[36] http：//web.econ.unito.it/terna/jes/.

[37] http：//ascape.sourceforge.net/.

[38] 姜昌华，韩伟，胡幼华. Repast——一个多 Agent 仿真平台 [J]. 系统仿真学报，2006，18（8）.

[39] 赵剑冬，林健. 基于 Agent 的 Repast 仿真分析与实现[J]. 计算机仿真，2007，24（9）.

第7章 Chapter Seven

攻防博弈下基于创新保护的信息安全投资的演化博弈分析

在现实社会中，绝大多数信息安全防守方都在通过信息安全投资加强信息安全的防守工作。与此同时，大量网络黑客等信息安全攻击方同样也加大了攻击力度，攻防对抗的态势不断升级。可见，作为信息安全防守方的组织始终面临着信息安全投资的困惑与窘境。由于现实社会中信息安全的攻防主体都不可能具有完全理性，一般只具有有限理性，本章利用演化博弈论研究攻防博弈下基于创新保护的信息安全投资的演化博弈问题。首先建立信息安全攻防的博弈模型，分析防守方和攻击方的复制动态及进化稳定策略。然后根据攻防两群体复制动态的关系，分析信息安全的攻防成本，得出攻防对抗的规律和长期稳定趋势，提出解决信息安全投资及攻防问题的建议。

7.1 信息安全攻防对抗的博弈模型

根据防守方与攻击方之间的策略依存性，利用得益矩阵建立信息安全攻防对抗的演化博弈模型。记 E 为防守方信息资产的正常收益，C 表示防守方投资信息安全的成本。I 为防守方投资信息安全带来的商誉无形资产。K 表示信息安全攻击方投入的所有攻击成本。

在攻击方采取不攻击策略的情况下，对于信息安全的防守方而言，若采取成本为 C 的信息安全投资策略，则此策略的得益为 $E-C+I$，而攻击方的得益则为–K；若防守方不采取成本为 C 的信息安全投资策略，则防守方必然会遭受信息资产的损失，得益相应的为–E，而攻击方的攻击策略得手，攻击得益为 E – K。在攻击方采取不攻击策略的情况下，如果防守方采取成本为 C 的信息安全投资策略，得益将为 E – C + I，如果不投资则侥幸保证信息资产的正常收益 E；而攻击方在不攻击的情况下得益始终为 0。由此建立信息安全攻防对抗的演化博弈模型，如表 7.1 所示。

表 7.1　信息安全攻防对抗的博弈模型

防守方	攻击方	
	攻　击	不攻击
投　资	E – C + I，–K	E – C + I，0
不投资	–E，E–K	E，0

在该博弈模型中，得益函数全面考虑了防守方信息安全投资所产生的价值效益，并且博弈模型也对攻击方的得益进行了量化。下面据此进行信息安全攻防成本的演化博弈分析。

7.2 完全理性下信息安全攻防对抗的博弈分析

7.2.1 完全理性下信息安全攻防对抗的均衡分析

对于信息安全攻防对抗的博弈模型，首先进行博弈方完全理性下的均衡分析。两博弈方取得（投资，不攻击）为博弈均衡的充分必要条件为无论攻击方的策略为何，对于防守方而言，投资策略都优于不投资策略；无论防守方的策略为何，对于攻击方而言，不攻击策略都优于攻击策略。数学表达式为：

$$\begin{cases} E-C+I>-E \\ E-C+I>E \end{cases} \tag{7.1}$$

并且

$$\begin{cases} 0>-K \\ 0>E-K \end{cases} \tag{7.2}$$

两不等式组化简之后的形式为

$$\begin{cases} C<I \\ K>E \end{cases} \tag{7.3}$$

这就说明在攻击方和防守方完全理性的状态下，若要实现（投资，不攻击）的理想均衡，必须使得防守方的信息安全投资成本小于信息安全投资为其带来的商誉无形资产价值，同时攻击方的攻击成本要高于攻击行为为其带来的收益。

7.2.2 完全理性下引入防守方惩罚变量的攻防对抗博弈分析

在上述完全理性下信息安全攻防对抗的均衡分析中，如果

$$\begin{cases} C<I \\ K>E \end{cases} \tag{7.4}$$

的条件不能同时满足，则理想均衡（投资，不攻击）就无法实现。也就是说，如果 $C\geqslant I$ 或者 $K\leqslant E$，完全理性下信息安全攻防对抗的博弈就不能达到（投资，不攻击）的最佳均衡。为解决这种情况下理想均衡的实现问题，可以引入防守方的惩罚变量及攻击方的惩罚变量。

首先引入防守方惩罚变量 P_2。所谓防守方惩罚变量，是指防守方由于不投资信息安全所遭受的负激励。这种惩罚可以来自政策法规的违规成本，也可以来自商誉无形资产的减损。

如果信息安全的投资成本 $C\geqslant I$，则可以通过引入防守方惩罚变量 P_2 来重新实现理想均衡。

引入防守方惩罚变量 P_2 后的信息安全攻防对抗博弈模型如表 7.2 所示。

表 7.2 带防守方惩罚变量 P_2 的信息安全攻防对抗博弈模型

防守方	攻击方	
	攻　击	不攻击
投　资	$E-C+I$，$-K$	$E-C+I$，0
不投资	$-E-P_2$，$E-K$	$E-P_2$，0

对引入防守方惩罚变量 P_2 后的信息安全攻防对抗博弈模型进行博弈的均衡分析。保持（投资，不攻击）为博弈均衡的充分必要条件为

$$\begin{cases} E-C+I>-E-P_2 \\ E-C+I>E-P_2 \end{cases} \tag{7.5}$$

并且

$$\begin{cases}0>-K\\0>E-K\end{cases} \tag{7.6}$$

化简形式即为

$$\begin{cases}C<I+P_2\\K>E\end{cases} \tag{7.7}$$

在引入防守方惩罚变量 P_2 之后，实现（投资，不攻击）为博弈均衡的防守方投资成本约束条件为 $C<I+P_2$，较未引入防守方惩罚变量 P_2 时的成本约束条件 $C<I$ 得以放松，从而解决了不能满足 $C<I$ 时理想均衡的实现问题。

7.2.3 完全理性下引入攻击方惩罚变量的攻防对抗博弈分析

如果未能实现理想均衡是由 $K\leqslant E$ 所导致的，则可以通过引入攻击方惩罚变量 P_3 加以解决。所谓攻击方惩罚变量，是指攻击方由于其攻击行为而必须付出的代价。对攻击方的惩罚主要来自法律的制裁，并且非货币化的惩罚可以通过机会成本等货币化的方法加以分析。

引入攻击方惩罚变量 P_3 后的信息安全攻防对抗博弈模型如表 7.3 所示。

表 7.3 带攻击方惩罚变量 P_3 的信息安全攻防对抗博弈模型

防守方	攻击方	
	攻　击	不攻击
投　资	$E-C+I$，$-K-P_3$	$E-C+I$，0
不投资	$-E$，$E-K-P_3$	E，0

实现（投资，不攻击）为博弈均衡的充分必要条件为

$$\begin{cases}E-C+I>-E\\E-C+I>E\end{cases} \tag{7.8}$$

并且

$$\begin{cases}0>-K-P_3\\0>E-K-P_3\end{cases} \tag{7.9}$$

化简之后的形式为

$$\begin{cases}C<I\\K>E-P_3\end{cases} \tag{7.10}$$

可见，攻击方惩罚变量 P_3 的引入使得实现理想均衡的下限更低，从而解决了 K≤E 时理想均衡的实现问题。这也通过博弈理论解释了现实世界中有效打击信息安全攻击行为对信息安全的促进作用。

7.3 有限理性下信息安全攻防演化博弈的复制动态

现实世界中的信息安全攻防主体在进行博弈时都不可能具有完全理性。防守方在面对信息安全投资问题时正如上述分析，只具有有限理性。攻击方在决定是否进行攻击时也在很大程度上取决于兴趣偏好，并且攻防双方对彼此的理性也不可能实现完全的信任。描述生物进化的复制动态完全适用于这种攻防博弈下信息安全投资的演化博弈分析。

在信息安全攻防演化博弈的复制动态分析中，存在防守方和攻击方两个不同的博弈群体，两个博弈方在各自的群体内部进行策略的学习和策略模仿，分别对这两个群体进行复制动态和进化稳定策略分析，在此基础上进行攻防群体复制动态的关系研究。

假设在防守方群体中，采用成本为 C 的信息安全投资策略的博弈方比例为 x，采用不投资策略的博弈方比例为 1－x。同时假设在攻击方群体中，采用攻击策略的博弈方比例为 y，采用不攻击策略的博弈方比例就为 1－y。由此，上面博弈模型的防守方群体中采用成本为 C 的信息安全投资策略的博弈方的期望得益就可以表示为

$$u_{1i}=y(E-C+I)+(1-y)(E-C+I)=E-C+I \tag{7.11}$$

而采用不投资策略博弈方的期望得益为

$$u_{1n}=-Ey+(1-y)E=E-2Ey \tag{7.12}$$

进而，防守方群体平均期望得益可以通过式（7.13）计算：

$$\overline{u_1}=x(E-C+I)+(1-x)(E-2Ey)=(2Ey+I-C)x+(E-2Ey) \tag{7.13}$$

在攻击方群体中，采用攻击策略和不攻击策略两种博弈方的期望得益 u_{2a}、u_{2n} 和群体期望得益 $\overline{u_2}$ 分别为

$$u_{2a}=x(-K)+(1-x)(E-K)=-Ex+(E-K) \quad (7.14)$$

$$u_{2n}=0 \quad (7.15)$$

$$\overline{u_2}=y[-Ex+(E-K)]+(1-y)0=y[-Ex+(E-K)] \quad (7.16)$$

在信息安全攻防成本的演化博弈分析中，以$\frac{dx}{dt}$代表成本为 C 的信息安全投资策略类型博弈方比例随时间的变化率，则信息安全防守方的博弈方类型比例的复制动态为

$$\frac{dx}{dt}=x(u_{1i}-\overline{u_1}) \quad (7.17)$$

将 u_{1i} 和 $\overline{u_1}$ 代入，可得

$$\frac{dx}{dt}=x[(E-C+I)-(2Ey+I-C)x-(E-2Ey)]=x(1-x)(2Ey+I-C) \quad (7.18)$$

类似的，攻击方群体的博弈方类型比例的复制动态为

$$\frac{dy}{dt}=y\{-Ex+(E-K)-y[-Ex+(E-K)]\}=y(1-y)(E-K-Ex) \quad (7.19)$$

7.4 有限理性下信息安全攻防演化博弈的进化稳定策略

在上述复制动态方程的基础上，可以讨论信息安全攻防演化博弈的进化稳定策略 ESS。对于信息安全攻防的复制动态，首先分析防守方的进化稳定策略。根据防守方的复制动态方程，如果 $y=\frac{C-I}{2E}$，则$\frac{dx}{dt}$始终为 0，这时所有 x 水平都是稳定状态，图 7.1 给出了 x 的动态趋势和稳定性。

但此时的 x 在受到少量干扰后却不能恢复，因而不是防守方的进化稳定策略。

如果 $y\neq\frac{C-I}{2E}$，则 $x^*=0$ 和 $x^*=1$ 是防守方复制动态的两个稳定状态。在这两个复制动态的稳定状态中，能够成为进化稳定策略 ESS 的均衡，必须能抵抗微小偏离的扰动，是具有稳健性的均衡状态。如果某些博弈方由于偶然的错误偏离了 ESS，复制动态仍然会使比例 x 恢复到 ESS 的水平。具体的数学分析就是，当干

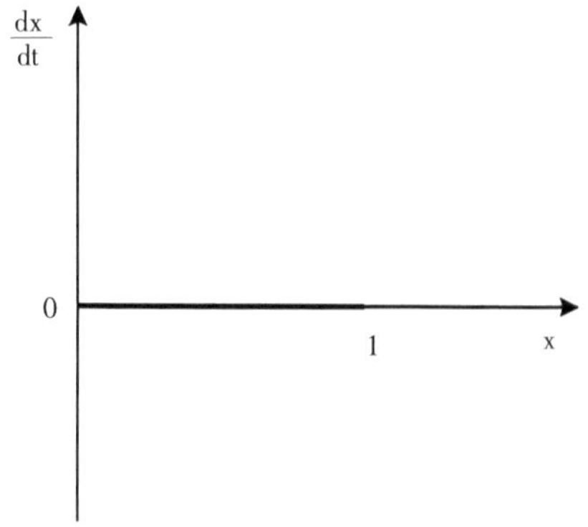

图 7.1　$y=\frac{C-I}{2E}$ 时的防守方复制动态相位图

扰使 x 低于 ESS 时，$\frac{dx}{dt}=x(1-x)(2Ey+I-C)$ 必须大于 0；当干扰使 x 高于 ESS 时，$\frac{dx}{dt}=x(1-x)(2Ey+I-C)$ 必须小于 0。用复制动态方程的相位图表示就是，复制动态曲线与水平坐标轴相交并且交点处切线斜率为负的点就是演化博弈复制动态的进化稳定策略 ESS。

当 $y>\frac{C-I}{2E}$ 时，防守方的复制动态相位图如图 7.2 所示。

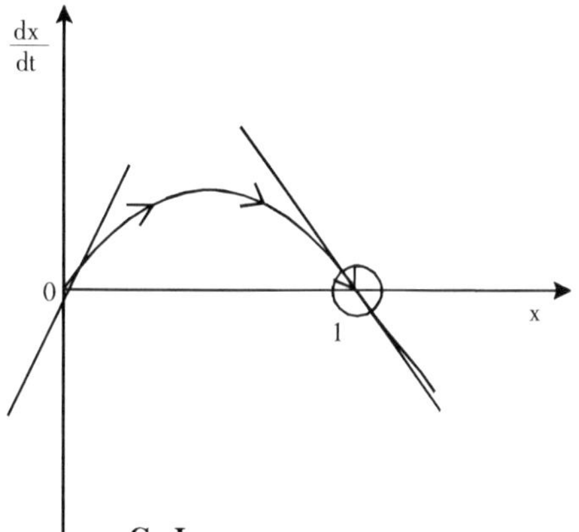

图 7.2　$y>\frac{C-I}{2E}$ 时的防守方复制动态相位图

在图 7.2 中，在其复制动态曲线与水平坐标轴的两个交点 $x^*=0$ 和 $x^*=1$ 中，只有 $x^*=1$ 处的切线斜率为负，而 $x^*=0$ 处的切线斜率为正。所以，当 $y>\frac{C-I}{2E}$ 时，$x^*=1$ 为防守方演化博弈的进化稳定策略，而 $x^*=0$ 不是进化稳定策略。

当 $y<\frac{C-I}{2E}$ 时，防守方的复制动态相位图如图 7.3 所示。

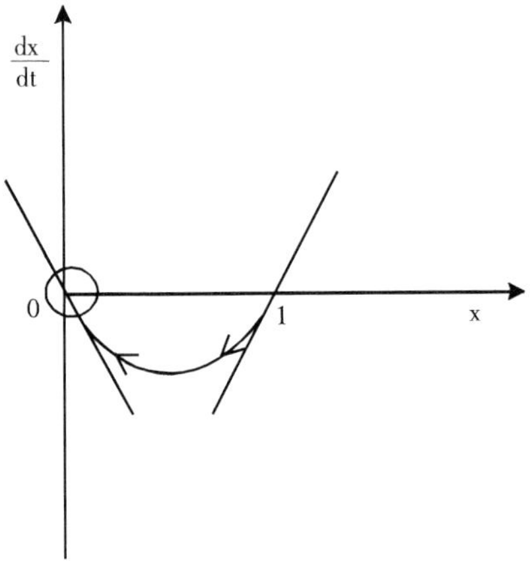

图 7.3　$y<\frac{C-I}{2E}$ 时的防守方复制动态相位图

在图 7.3 中，$x^*=0$ 和 $x^*=1$ 是复制动态曲线与水平坐标轴的两个交点，在这两个交点中，$x^*=0$ 处的切线斜率为负，而 $x^*=1$ 处的切线斜率为正。所以，当 $y<\frac{C-I}{2E}$ 时，$x^*=0$ 为防守方演化博弈的进化稳定策略，而 $x^*=1$ 不是进化稳定策略。

类似的，根据攻击方的复制动态，如果 $x=\frac{E-K}{E}$，则 $\frac{dy}{dt}$ 始终为 0，这时所有 y 水平都是稳定状态，此时的 y 在受到少量干扰后不能恢复，因而不是攻击方的进化稳定策略 ESS。$x=\frac{E-K}{E}$ 时的攻击方复制动态相位图如图 7.4 所示。

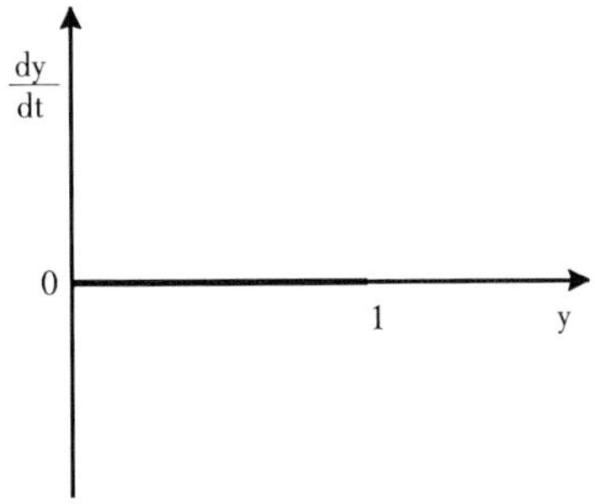

图 7.4　$x=\frac{E-K}{E}$ 时的攻击方复制动态相位图

当 $x>\frac{E-K}{E}$ 和 $x<\frac{E-K}{E}$ 时，攻击方复制动态相位图如图 7.5 和图 7.6 所示。

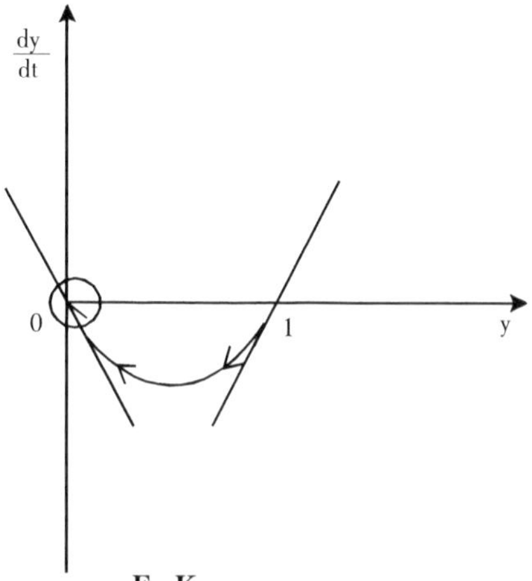

图 7.5　$x>\frac{E-K}{E}$时的攻击方复制动态相位图

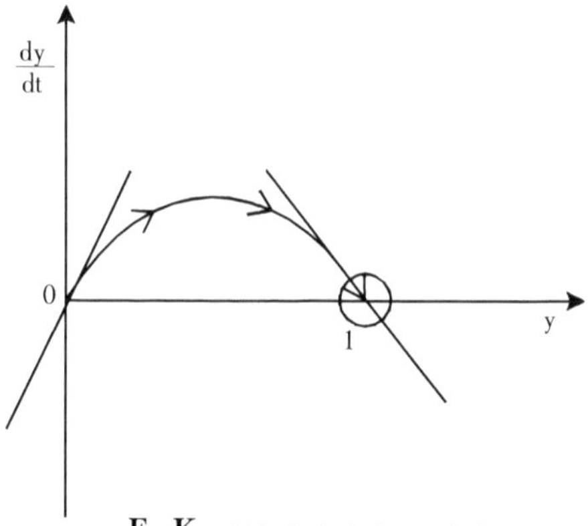

图 7.6　$x<\frac{E-K}{E}$时的攻击方复制动态相位图

由图 7.5 和图 7.6 可知，当$x>\frac{E-K}{E}$时，$y^*=0$是攻击方的进化稳定策略；当$x<\frac{E-K}{E}$时，$y^*=1$是攻击方的进化稳定策略。

7.5　有限理性下攻防两群体复制动态的关系和稳定性分析

对于上述防守方和攻击方两群体类型比例变化复制动态的关系，可以通过以两个比例为坐标的坐标平面图进行分析。由于 $\frac{E-K}{E}<1$，因而可以分为六种情况进行具体分析。

7.5.1 $\begin{cases} 0<\frac{C-I}{2E}<1 \\ 0<\frac{E-K}{E}<1 \end{cases}$ 时两群体复制动态的关系和稳定性分析

当 $\begin{cases} 0<\frac{C-I}{2E}<1 \\ 0<\frac{E-K}{E}<1 \end{cases}$ 时，防守方和攻击方的成本为 $\begin{cases} I<C<2E+I \\ 0<K<E \end{cases}$，此时两群体复制动态关系如图 7.7 所示。

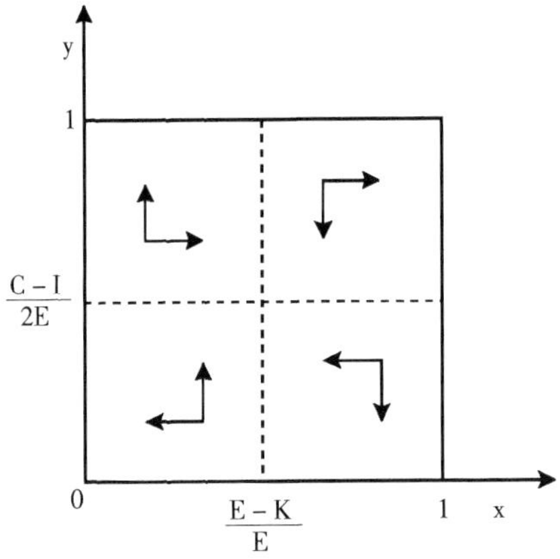

图 7.7 $\begin{cases} I<C<2E+I \\ 0<K<E \end{cases}$ **时的两群体复制动态关系**

从图 7.7 反映的两群体复制动态关系可以看出，当防守方与攻击方的成本在 $\begin{cases} I<C<2E+I \\ 0<K<E \end{cases}$ 时，防守方和攻击方处于攻防循环的不稳定状态。此时的成本状态与现实世界中防守方的实际投资成本状态很相似，根据复制动态关系得出的攻防循环状态也与现实世界中不断升级的攻防对抗相一致。因而两群体的复制动态关系分析很好地解释了现实世界中的客观情况。而且下面对于攻防其他成本状态的分析也可以为解决这种攻防循环的难题提供有益的启示。

7.5.2 $\begin{cases}\frac{C-I}{2E}\leqslant 0\\ 0<\frac{E-K}{E}<1\end{cases}$ 时两群体复制动态的关系和稳定性分析

当$\begin{cases}\frac{C-I}{2E}\leqslant 0\\ 0<\frac{E-K}{E}<1\end{cases}$时，防守方与攻击方的成本状态为$\begin{cases}C\leqslant I\\ 0<K<E\end{cases}$，此时两群体复制动态关系如图 7.8 所示。

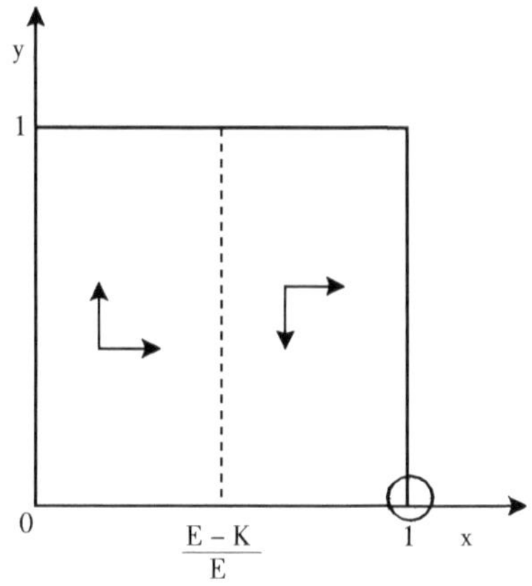

图 7.8 $\begin{cases}C\leqslant I\\ 0<K<E\end{cases}$**时的两群体复制动态关系**

根据图 7.8 反映的两群体复制动态关系，可以得出此时的进化稳定策略为 $x^*=1$，$y^*=0$。这一点是两群体复制动态中唯一收敛和具有抗扰动的稳定状态。这时$\begin{cases}C\leqslant I\\ 0<K<E\end{cases}$，防守方的信息安全投资成本 C 比较小，有限理性博弈方通过长期反复博弈，学习和策略调整的结果是所有防守方最终都会投资于信息安全，而所有攻击方最终都会放弃攻击的不理智策略。这时防守方足够小的信息安全投资成本终止了攻防间的循环，出现了理想的局面。因此，有效降低信息安全的投资成本是防止攻防循环，促进防守方组织投资信息安全的科学途径。

7.5.3 $\begin{cases}\dfrac{C-I}{2E}\geqslant 1\\ 0<\dfrac{E-K}{E}<1\end{cases}$ 时两群体复制动态的关系和稳定性分析

当 $\begin{cases}\dfrac{C-I}{2E}\geqslant 1\\ 0<\dfrac{E-K}{E}<1\end{cases}$ 时，防守方和攻击方的成本状态为 $\begin{cases}C\geqslant 2E+I\\ 0<K<E\end{cases}$，此时两群体复制动态关系如图 7.9 所示。

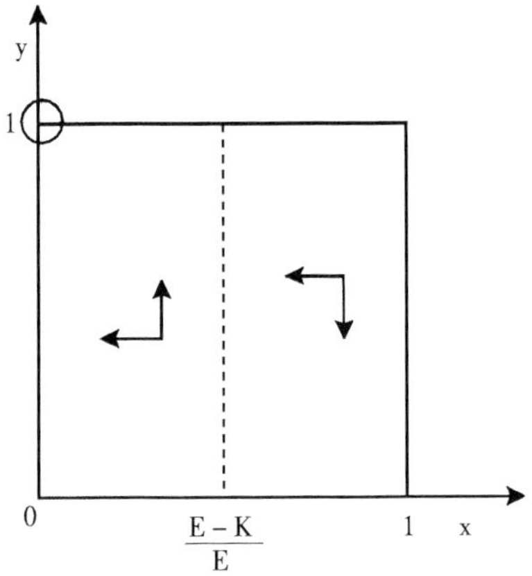

图 7.9 $\begin{cases}C\geqslant 2E+I\\ 0<K<E\end{cases}$ 时的两群体复制动态关系

当 $\begin{cases}C\geqslant 2E+I\\ 0<K<E\end{cases}$ 时，两群体复制动态关系的进化稳定策略为 $x^*=0$，$y^*=1$。由于防守方的信息安全投资成本 C 过大，阻碍了防守方的信息安全投资意愿，因而有限理性博弈方长期博弈的结果是所有防守方最终都不进行信息安全投资，而所有攻击方都采取攻击策略，如此的进化稳定策略将会给防守方组织带来毁灭性的灾害，这是所有防守方最不愿看到的局面，所以，提高信息技术、降低信息安全投资成本势在必行。

7.5.4 $\begin{cases} 0 < \dfrac{C-I}{2E} < 1 \\ \dfrac{E-K}{E} \leqslant 0 \end{cases}$ 时两群体复制动态的关系和稳定性分析

当$\begin{cases} 0 < \dfrac{C-I}{2E} < 1 \\ \dfrac{E-K}{E} \leqslant 0 \end{cases}$时，化简可得$\begin{cases} I < C < 2E+I \\ K \geqslant E \end{cases}$，此时两群体复制动态关系如图 7.10 所示。

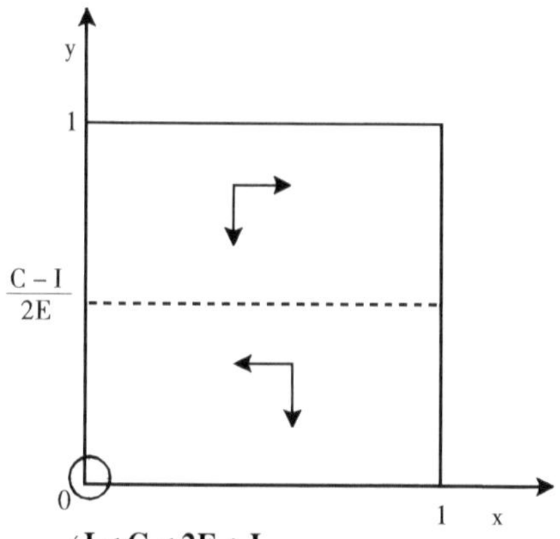

图 7.10 $\begin{cases} I < C < 2E+I \\ K \geqslant E \end{cases}$ **时的两群体复制动态关系**

由图 7.10 可知，此时的进化稳定策略为 $x^*=0$，$y^*=0$。在这种情况下，由于攻击方的攻击成本高于其攻击收益，所以攻击方会采取不攻击的策略，而防守方由于信息安全的投资成本还是较高，也放弃了投资信息安全的策略，不过侥幸没有受到攻击，从而也没有损失。有限理性的攻防双方长期博弈的结果是所有防守方最终都不进行信息安全投资，而所有攻击方都采取不攻击的策略。由此，给防守方设置足够高的门槛，增加攻击方的攻击成本，是实现这种和平状态的良策。

7.5.5 $\begin{cases}\dfrac{C-I}{2E}\geqslant 1\\ \dfrac{E-K}{E}\leqslant 0\end{cases}$ 时两群体复制动态的关系和稳定性分析

$\begin{cases}\dfrac{C-I}{2E}\geqslant 1\\ \dfrac{E-K}{E}\leqslant 0\end{cases}$ 意味着 $\begin{cases}C\geqslant 2E+I\\ K\geqslant E\end{cases}$，这时的两群体复制动态关系如图 7.11 所示。

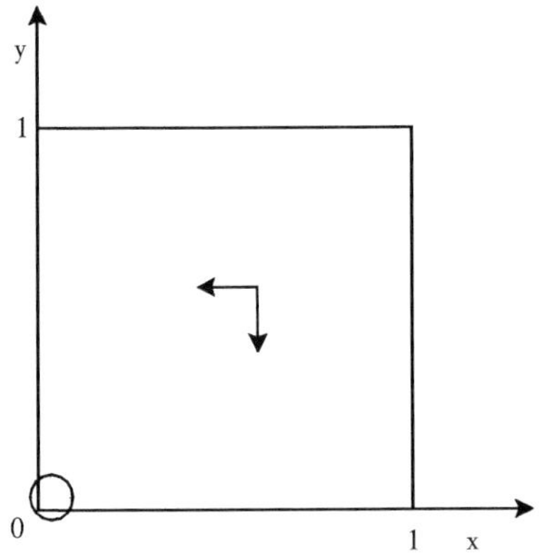

图 7.11 $\begin{cases}C\geqslant 2E+I\\ K\geqslant E\end{cases}$ 时的两群体复制动态关系

这时的进化稳定策略为 $x^*=0$，$y^*=0$。与 $\begin{cases}0<\dfrac{C-I}{2E}<1\\ \dfrac{E-K}{E}\leqslant 0\end{cases}$ 时的情况相似，攻击方的攻击成本高于其收益，而防守方的投资成本更高，所以有限理性的攻防双方长期博弈的结果仍然是所有防守方不投资信息安全，所有攻击方也采取不攻击的策略。

7.5.6 $\begin{cases}\dfrac{C-I}{2E}\leqslant 0\\ \dfrac{E-K}{E}\leqslant 0\end{cases}$ 时两群体复制动态的关系和稳定性分析

当 $\begin{cases}\dfrac{C-I}{2E}\leqslant 0\\ \dfrac{E-K}{E}\leqslant 0\end{cases}$ 时，防守方和攻击方的成本为 $\begin{cases}C\leqslant I\\ K\geqslant E\end{cases}$，这时的两群体复制动态

关系如图 7.12 所示。

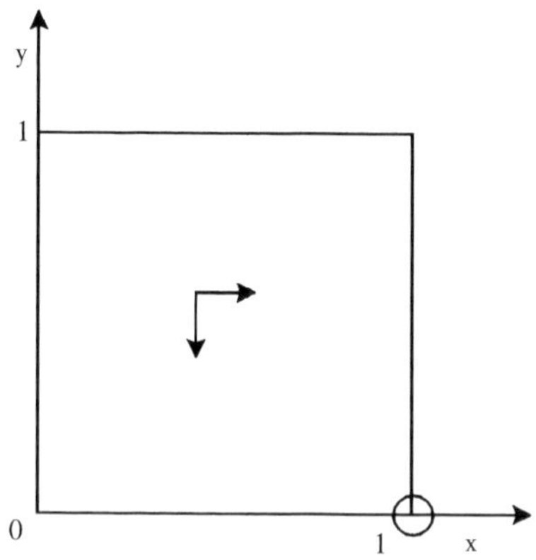

图 7.12 $\begin{cases} C \leqslant I \\ K \geqslant E \end{cases}$ 时的两群体复制动态关系

当 $\begin{cases} C \leqslant I \\ K \geqslant E \end{cases}$ 时，两群体复制动态关系的进化稳定策略为 $x^*=1$，$y^*=0$。在这种情况下，防守方的信息安全投资成本足够小，以至于所有博弈方最终都会以成本 C 投资于信息安全；而攻击方的攻击成本足够大，以至于所有攻击方最终都放弃了攻击的策略。因而，提高信息安全技术，从而降低防守方的投资成本而增加攻击方的攻击成本是实现这种最理想结果的可行方法。

综合上述六种情况的分析可以得出，有效降低投资成本是促使所有防守方都投资信息安全的关键。如果信息安全投资成本足够低，达到 $C \leqslant I$，所有防守方最终都会以成本 C 投资信息安全，攻击方最终也都会放弃信息安全攻击。从信息安全投资的成本约束条件 $C \leqslant I$ 可以看出，在演化博弈中，信息安全投资为组织带来的商誉无形资产是投资成本的阈值。对于金融等信息安全投资对其影响较大的行业来说，阈值必然较高，成本的约束条件就较松，即使信息安全投资成本较高，这种信息安全投资也是值得而且必要的。

如果信息安全投资成本较高，即 $C>I$，则可以通过设法增加攻击方的攻击成本，使得 $K \geqslant E$，来迫使所有攻击方不进行信息安全攻击。在现实世界中，为了防范不同攻击方的攻击，对于信息安全攻击方的攻击成本，根据攻击方的类型可以进行相应的策略分析。攻击方可以具体分为无组织的攻击方和有组织的攻击方。无组织的攻击方主要指散乱的各个黑客，他们的攻击目的一般是娱乐和炫耀等。有组织的攻击方则主要分为两类：僵尸网络和国家行为。针对这三类不同的攻击方，可以采取分类防范的策略，同时也要注意不断总结经验，增强演化意识。

对于散乱的黑客攻击，成本的调解作用比较显著。对于防守方组织而言，比较有效的策略即是竭尽全力搞好银行等关键部门组织信息系统的安全，加大对数据库等关键节点的安全投资力度，提高攻击方的攻击成本，进而防范黑客攻击。

“僵尸网络”是指攻击方利用“僵尸程序”远程控制大量互联网用户的计算机，并通过它展开拒绝服务类攻击或发送垃圾信息，而真正的用户却并不知情，仿佛没有意识的僵尸一般。相比其他攻击方式，“僵尸网络”具有网络黑社会的性质，对手之间要进行不正当竞争，便要求助于操控“僵尸网络”的攻击方，攻击方借助于“僵尸网络”极大地降低了攻击成本，并向雇用方索取保护费。因而，对于防范僵尸网络，不仅需要防守方通过采用 Web 过滤服务，转换浏览器，禁用脚本，部署入侵检测和入侵防御系统，保护用户生成的内容，使用补救工具等措施来避免使自己成为“僵尸”，进而提高攻击方的攻击成本，更重要的是国家必须加强对于僵尸命令控制服务器的监测，坚决打击僵尸网络。

对于国家行为的有组织攻击方，例如网络战士和恐怖活动等，我国的策略则是需要建立提升我国整体（尤其是重要基础设施信息系统）安全水平的长效机制。具体来说，首先应加强政府在信息安全规划和信息安全检查中的主导作用。公安部等四部委出台的《信息安全等级保护管理办法》组织公民、法人和其他信息安全防守方组织对信息系统分等级实行安全保护，并对等级保护工作的实施进行监督管理，为避免信息安全遭受攻击起到了有效的作用。其次要实现信息安全产业的自主可持续发展。我国必须加快研究开发拥有自主知识产权的信息安全技术和产品，大力发展信息安全的基础理论，促使信息安全产业通过市场竞争的手段实现资源的优化配置，有效降低信息安全投资的成本。

总之，攻防博弈下信息安全投资的演化博弈分析既从原理上解释了信息安全攻防循环的问题，也从演化博弈的分析中得出了解决信息安全问题的根本策略。

7.6 小结

此部分利用演化博弈论对创新保护中信息安全中的攻防成本进行研究，找出攻防对抗的规律和长期稳定趋势，并提出解决信息安全攻防问题的建议。在这部分分析中，首先建立了信息安全攻防对抗的演化博弈模型，其中的得益函数全面考虑了防守方信息安全投资所产生的所有价值效益，同时也对攻击方的得益进行了量化。在此模型的基础上，进行了信息安全攻防成本的演化博弈分析，建立了防守方和攻击方两群体的复制动态，并确定信息安全攻防演化博弈的进化稳定策略。进而通过以两个比例为坐标的坐标平面图分析防守方和攻击方两群体类型比例变化复制动态的关系，得出信息安全攻防问题的长期稳定趋势。由此提出有效降低投资成本是促使所有防守方都投资信息安全的关键。如果信息安全投资成本足够低，达到 $C \leqslant I$，所有防守方最终都会以成本 C 投资信息安全，攻击方最终也都会放弃信息安全攻击。如果信息安全投资成本较高，即 $C>I$，则可以通过设法增加攻击方的攻击成本迫使所有攻击方不进行信息安全攻击。信息安全投资的成本约束条件 $C \leqslant I$ 表明，在演化博弈中，信息安全投资为组织带来的商誉无形资产是投资成本的阈值。对于金融等信息安全投资对其影响较大的行业来说，阈值必然较高，成本的约束条件就较松，即使信息安全投资成本较高，这种信息安全投资也是值得而且必要的。本章的研究既从原理上解释了信息安全攻防循环的问题，也从演化博弈的分析中得出了解决信息安全问题的根本策略。

第8章 Chapter Eight

总结与展望

8.1 总　结

创新是知识经济时代的重要特征，在高度信息化的今天，对于创新成果数字化载体的信息安全保护问题显得格外重要。信息安全问题实际上是包括技术、管理和法律在内的系统工程，其中的信息安全投资问题就是管理领域的重要问题之一。信息安全投资具有独特的策略依存性特点，这种策略依存性正是博弈论的基本特征，因而本书利用博弈理论研究组织的信息安全投资问题，为解决信息安全问题提供了新的思路。笔者首先利用有限策略博弈分析了组织的信息安全投资决策问题，然后利用无限策略博弈分析了组织信息安全投资的具体额度问题，并且考虑到现实社会中信息安全投资主体的有限理性问题，以及预测信息安全投资的长期稳定趋势的需要，利用演化博弈论研究了防守博弈和攻防博弈两种情况下信息安全投资的演化博弈。本书的主要研究内容及成果如下：

（1）利用有限策略博弈分析了组织信息安全投资的决策问题。通过得益矩阵建立两组织及多组织信息安全投资决策博弈模型，模型全面考虑了信息安全投资所产生的价值效益，不仅包括预防信息安全事故产生的直接价值效益，还考虑了信息安全投资为组织带来的提升品牌价值、增加组织声誉等间接价值效益。对于两组织信息安全投资决策博弈模型，纯策略和混合策略纳什均衡分析的结果显现出两种纳什均衡分析的一致性。特别是，在理想均衡的成本约束条件不能满足时，惩罚变量的引入有助于重新实现理想的纳什均衡。并且，利用算例简要说明两组织信息安全投资博弈的分析。在建立的多组织信息安全投资决策博弈模型中，对影响成本阈值的因素进行详细讨论，提出多组织信息安全投资的两项命题，得出信息安全投资成本对于博弈均衡的影响规律，进一步寻找促使组织“投资”信息安全成为均衡结果的必要条件，并通过仿真进行验证分析。

（2）利用无限策略博弈分析了组织信息安全的投资额度。信息安全的具体投资额度必须适度合理，投资不足无法保证信息的安全，而投资过多则会造成不必要的浪费。根据信息安全投资额度的策略依存性建立信息安全投资额度博弈模型，模型中关系参数的变化反映了两组织间博弈关系的变化。对于关系参数取值的不同情况，根据反应函数法进行博弈的均衡分析。对于攻防博弈关系，推导出防守方均衡成本与关系参数相关关系的命题，并进行仿真验证。算例简要说明了组织信息安全投资额度的博弈分析。

（3）利用演化博弈分析了博弈方有限理性下的信息安全投资。在防守博弈下信息安全投资的演化博弈分析中，根据信息安全投资的演化博弈模型，通过复制动态分析防守博弈下信息安全投资演化博弈的进化稳定策略。并且，通过 Repast 的多 Agent 仿真平台进行演化博弈的仿真验证，实验结果验证了演化博弈的进化稳定策略。对于攻防博弈下信息安全投资的演化博弈问题，首先建立信息安全攻防的博弈模型，分析防守方和攻击方的复制动态及进化稳定策略，进而根据攻防两群体复制动态的关系，得出攻防对抗的规律和长期稳定趋势，既从原理上解释了信息安全攻防循环的问题，也从演化博弈的分析中得出了解决信息安全问题的策略建议。

8.2 展　望

本书从博弈论的角度对创新保护中的信息安全投资问题进行了探索性的研究，较好地解决了组织在信息安全投资过程中缺少科学参考的难题。然而，该领域还有以下几方面值得进一步研究：

（1）结合行业特点的信息安全投资问题研究。信息安全投资对不同行业的重要程度存在差异，例如，金融行业的信息安全投资要比其他行业更为重要，必然需要更大力度的信息安全投资，因而引入行业特征可以提高信息安全投资问题的针对性。

（2）结合时效性的信息安全投资问题研究。信息技术发展的日新月异决定了信息安全投资不可能是一劳永逸的，对时效性的关注有助于提高信息安全投资的整体回报，因而也是一个值得注意的研究方向。

（3）信息安全投资分配的进一步研究。在确定信息安全投资额度的基础上，可以结合人员培训、设备、管理费用等具体分配方案对信息安全投资进行深入研究。

附录1 Appendix One 演化博弈仿真的 Java 代码

一、gameAgent 类的代码

gameAgent 类是 agent 的静态类，包含着 agent 的属性和方法，以及 agent 在不同状态下的颜色表示方法。

```
// Set the name of package
package gameagent;

// Import necessary class lib
import java.awt.*;
import uchicago.src.sim.gui.*;

// Declare class GameAgent which implements interface Drawable
public class GameAgent implements Drawable
{

// Fields of agent

    // Field agentID
    public int agentID;
```

```
    // Field coordinate of agent
    private int x, y;

    // Field state of agent
    private int stratage;

  /**
   * Creates this LifeAgent with the specified coordinates and space.
   */
   public GameAgent (int agentID, int x, int y, int stratage)
   {
           this.agentID = agentID;
           this.x = x;
           this.y = y;
           this.stratage = stratage;
   }

public void step ()
{
}

// Set the fields of agent
public void setX (int x)
{
   this.x = x;
}

public void setY (int y)
{
```

```
    this.y = y;
}

public void setStratage (int stratage)
{
    this.stratage = stratage;
}

public void setAgentID (int agentID)
{
    this.agentID = agentID;
}

// Get the fields of agent
public int getX ()
{
    return x;
}

public int getY ()
{
    return y;
}

public int getStratage ()
{
    return stratage;
}

public int getAgentID ()
```

```
    {
        return agentID;
    }

    // Drawable interface
    public void draw (SimGraphics g)
    {

    // stratagem = =1 means 进行信息安全投资
    if (this.stratage = =1)
    {
        g.drawFastRoundRect (Color.Green);
    }

    // stratagem = =2 means 不进行信息安全投资
    if (this.stratage = = 2)
    {
        g.drawFastRoundRect (Color.BLUE);
      }
    }
}
```

二、gameModel 代码

The gameAgent is the class that determines how every agent changes.

```
// Set the name of package
package gameagent;

// Import necessary class lib
import java.awt.*;
```

```
import java.util.*;
import cern.jet.random.*;
import uchicago.src.sim.analysis.*;
import uchicago.src.sim.engine.*;
import uchicago.src.sim.gui.*;
import uchicago.src.sim.space.*;
import uchicago.src.sim.util.*;

// Declare class GameModel which inherits class SimModelImpl
public class GameModel extends SimModelImpl
{
    public GameModel ()
    {
    }

    // Initial parameters
    private int numAgent = 100;
    private double C = 5;
    private double E = 10;
    private double L = 9;
    private double I = 6;
    private double value_x = 0.1;
    private double p = 0.6;
    private double q = 0.4;

    // Parameters used in model
    private Object2DGrid space;
    private Schedule schedule;
    private DisplaySurface displaySurf;
    private ColorMap map = new ColorMap ();
```

```
private OpenSequenceGraph graph;

// Storing agents
private ArrayList agentList = new ArrayList ();
private int agentID = 0;

// Inner class implementing interface Sequence
class SeqX implements Sequence
{
   public final double getSValue ()
   {
         return (double) value_x;
   }
}

  // Initial of Model
  public void setup ()
  {
  System.out.println (" Run setup () .");
  this.schedule = new Schedule ();
  this.space = new Object2DGrid (20, 20);

  if (displaySurf ! = null)
   {
     displaySurf.dispose ();
  }
  displaySurf = null;

  if  (graph ! = null)
{
```

```
        graph.dispose ();
    }
    graph = null;

    System.gc ();

    displaySurf = new DisplaySurface (this," GameModel Window");

    registerDisplaySurface (" GameModel Window", displaySurf);

    graph = new OpenSequenceGraph (" perX", this);
    this.registerMediaProducer (" plot", graph);

    addSimEventListener (displaySurf);
}

public void begin ()
{
    System.out.println (" Run begin().");

  // 建立模型
    buildModel();

  // 建立显示
    buildDisplay();

  // 建立与step函数的联系
    buildSchedule();

  // 设置背景
```

```
        displaySurf.setBackground (java.awt.Color.white);

      // 显示
        displaySurf.display ();
}

public void step ()
{
        System.out.println (" Run step.");
        SimUtilities.shuffle (agentList);

      // 生成 0~99 的随机数
        int i = Uniform.staticNextIntFromTo (0, 99);

      // 输出以备调试
        System.out.println (i);

        GameAgent chosenAgent = (GameAgent) agentList.get (i);
        System.out.println(chosenAgent.agentID+""+chosenAgent.getStratage());

        double new_x;
        double ui = 0;
        double un = 0;

      // 触发条件
      if (chosenAgent.getStratage () = = 1)
      {
            // 计算新的 value_x
            new_x = (value_x*numAgent-1) /(numAgent-1);
```

```
        // 计算新的 ui
        ui = new_x* (E-C+I) + (1-new_x) * (E-C-q*L+I);

        // 计算新的 un
        un = new_x* (E-p*L) + (1-new_x) * (E-p*L- (1-p) *q*L);

        //触发条件
        if (ui<un)
        {
            chosenAgent.setStratage (2);
            value_x = (value_x*numAgent-1) /numAgent;
        }
}

// 触发条件
if (chosenAgent.getStratage () = = 2)
{
        //计算新的 value_x
        new_x = (value_x*numAgent) /(numAgent-1);

        //计算新的 ui
        ui = new_x* (E-C+I) + (1-new_x) * (E-C-q*L+I);

        //计算新的 un
        un = new_x* (E-p*L) + (1-new_x) * (E-p*L- (1-p) *q*L);

        //触发条件
        if (ui>un)
        {
            chosenAgent.setStratage (1);
```

```
                value_x = (value_x*numAgent+1) /numAgent;
            }
        }

        // 输出新的 ui、un 和 value_x
        System.out.println (" stratage" +chosenAgent.getStratage ());
        System.out.println (" ui " +ui);
        System.out.println (" un" +un);
        System.out.println (value_x);

        // 与 graph 联系，将 step 变化的结果显示在界面上
        graph.step ();

        // 显示
        displaySurf.updateDisplay ();
    }

    public void buildModel ()
    {
        System.out.println (" Run buildModel ()");
        int x, y;
        int numOfOne ;
        numOfOne = (int) (value_x*numAgent);
        System.out.println (" numOfOne" +numOfOne);
        for (int i = 0; i < numOfOne; i++)
        {
            do {
                x = Uniform.staticNextIntFromTo (0, space.getSizeX () - 1);
                y = Uniform.staticNextIntFromTo (0, space.getSizeY () - 1);
            } while (space.getObjectAt (x, y)! = null);
```

```
            agentID = agentID + 1;
            GameAgent agent = new GameAgent (agentID, x, y, 1);
            space.putObjectAt (x, y, agent);
            agentList.add (agent);
            //System.out.println (agent.agentID);
        }

        for (int i = 0; i < numAgent - numOfOne; i++)
        {
            do {
                x = Uniform.staticNextIntFromTo (0, space.getSizeX () - 1);
                y = Uniform.staticNextIntFromTo (0, space.getSizeY () - 1);
                } while (space.getObjectAt (x, y)! = null);

            agentID = agentID + 1;
            GameAgent agent = new GameAgent (agentID, x, y, 2);
            space.putObjectAt (x, y, agent);
            agentList.add (agent);
            //System.out.println (agent.agentID);
        }
}

public void buildDisplay ()
{
        System.out.println (" Run buildDisplay ()");

        for (int i = 1; i < 16; i++)
         {
           map.mapColor (i, new Color ((int)  (i * 8 + 127), 0, 0));
```

```
        }
        map.mapColor (0, Color.black);

        Object2DDisplay displayAgents = new Object2DDisplay (space);
        displayAgents.setObjectList (agentList);
        displaySurf.addDisplayableProbeable (displayAgents," Agents");

        // 设置坐标系
        graph.setXRange (0.0, 100.0);
        graph.setYRange (-0.1, 1.1);
        graph.setAxisTitles (" tick"," value_x");
        graph.addSequence (" value_x", new SeqX ());

        // 显示
        graph.display ();
        graph.step ();

    }

    public void buildSchedule ()
    {
        System.out.println (" Run buildSchedule ()");

        // 时间序列
        schedule.scheduleActionBeginning (1, this," step");
    }

    public String getName ()
    {
        return " The First Model";
```

```
}

public Schedule getSchedule ()
{
    return schedule;
}

public int getNumAgent ()
{
    return numAgent;
}

public double getP ()
{
    return p;
}

public double getQ ()
{
    return q;
}

public double getValue_x ()
{
    return value_x;
}

public double getC ()
{
    return C;
```

```
}

public double getE ()
{
    return E;
}

public double getI ()
{
    return I;
}

public double getL ()
{
    return L;
}

// 主程序入口
public static void main (String [] args)
{
    SimInit init = new SimInit ();
    GameModel model = new GameModel ();
    init.loadModel (model,"", false);
}

//得到界面输入的参数
public String [] getInitParam ()
{
    String [] initParams = {"numAgent","value_x","C","E","I","L","p","q"};
```

```
        // 返回参数集
        return initParams;
    }

    public void setL (double L)
    {
        this.L = L;
    }

    public void setNumAgent (int numAgent)
    {
        this.numAgent = numAgent;
    }

    public void setP (double p)
    {
        this.p = p;
    }

    public void setQ (double q)
    {
        this.q = q;
    }

    public void setValue_x (double value_x)
    {
        this.value_x = value_x;
    }

    public void setC (double C)
```

```
    {
        this.C = C;
    }

    public void setE (double E)
    {
        this.E = E;
    }

    public void setI (double I)
    {
        this.I = I;
    }
}
```

附录 2
Appendix Two

Repast 在 Eclipse 中的配置与调试

一、安装 Eclipse

（1）Install Eclipse，using downloads from：http：//www.eclipse.org/. Install Repast.

（2）Start Eclipse. First，Eclipse will ask you to select a directory for its workspace：the place where it stores the program files you create. Then，click on "Workbench"（an icon in the upper right corner of the Welcome screen）to go to the Eclipse workbench.

二、在 Eclipse 中为 Repast 创建新工程 "gameagent"

（3）In the Eclipse menu，select File -> New -> Project. Then，in the "Select a wizard" window，select Java Project and hit Next.

（4）In the new project window that opens，provide name of "gameagent" for your project，and click on Create separate source and output folders. Click Next to move to the Java settings window.

三、在 gameagent 工程中配置 Repast

（5）In the Package Explorer window，right-click on the "gameagent" project. Select Properties -> Java Build Path and click on the Libraries tab. Click Add External JARS. Browse to the Repast directory on your computer.（With a typical Windows installation, this will be C: \Program Files\Repast 3\Repast J.) Click OK.

(6) Select all the .jar files (including repastj.jar, demos.jar in "demos" directory and all the files under any subfolders such as the "lib" directory). Click OK.

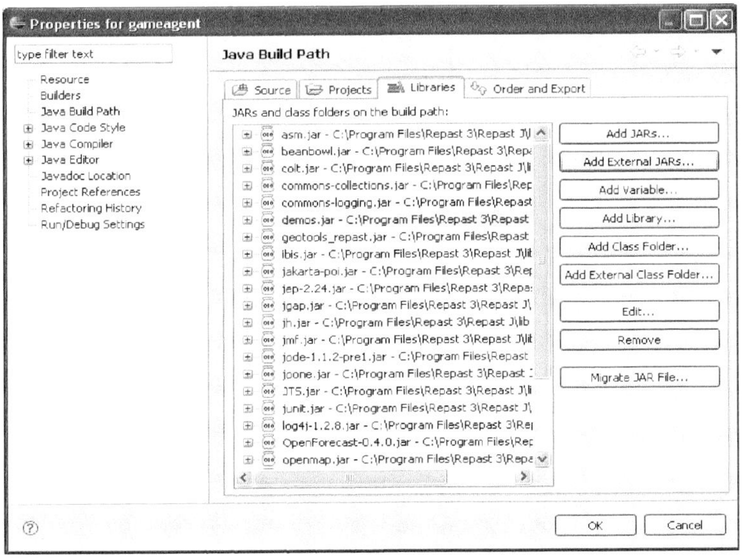

四、在 gameagent 工程中导入 java 文件：gameAgent 和 gameModel

(7) In the Package Explorer window, right click on the "gameagent" project.

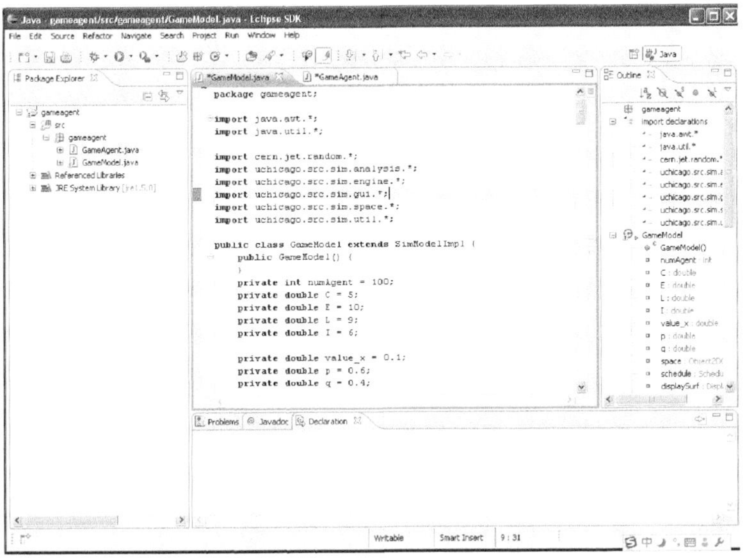

Select New -> Package. Then input "gameagent" in the "New Java Package" window. Click Finish.

(8) Right click on the "gameagent" package. Select Import -> File system -> Next. Browse to the directory which stores java files of "gameAgent" and "gameModel" on your computer. Click OK. Then the "gameagent" project are shown as following.

五、运行 gameModel

Compile and run gameModel in Eclipse:

(9) Right click on the "gameagent" project. Select Run As -> Run Configurations. First, on the left side of the window select Java Application. Then hit New, and enter the name of the project (gameagent) and the name of the file containing its Main class (GameModel). Then hit either Apply or Run.

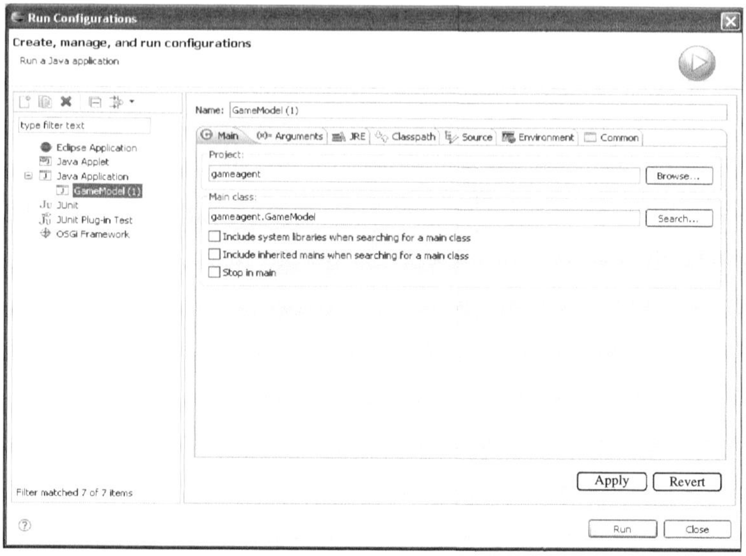

Your application will now attempt to compile and run, with errors appearing in the Problems window.

(10) You can re-run a program, once configured, by hitting Run -> Run Last Launched on the Eclipse menu.

附录3 Appendix Three

信息安全投资演化博弈仿真流程

一、运行 GameModel

(1) Right click on the "GameModel.java". Select Run As -> Java Application. Then the following figure will show.

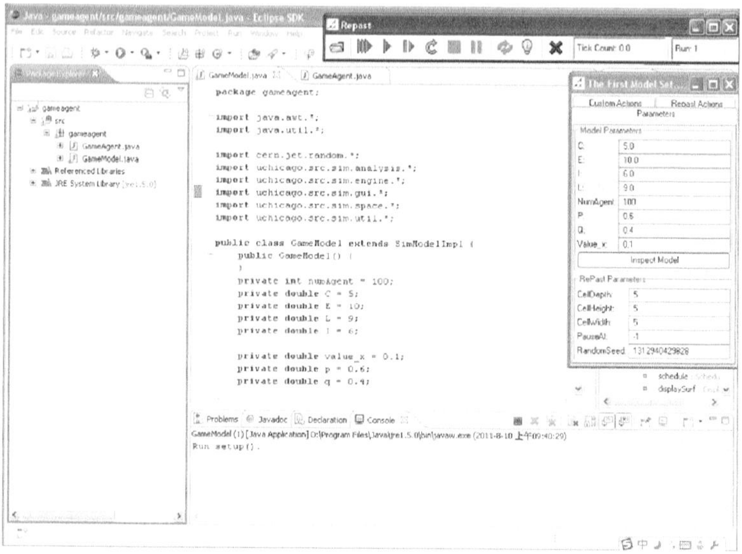

(2) Click ▶ will run "GameModel" shown as following figure.

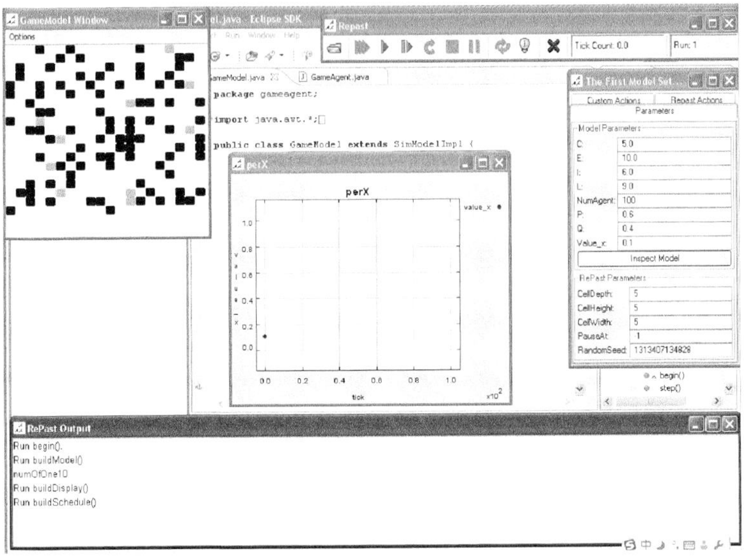

二、Repast 控制栏

Repast 控制栏如下图所示：

各快捷工具的介绍如下：

（1）图标表示“Load Model”，即载入已有的 Repast 模型；

（2）图标表示“Multiple Runs Start”，即可以运行多个模型；

（3）图标表示“Start”，即开始运行模型；

（4）图标表示“Step”，即按照一步一 Step 的步骤运行模型；

（5）图标表示“Initial”，即重新初始化参数；

（6）图标表示“Stop”，即停止；

（7）图标表示“Pause”，即暂停；

（8）图标表示“Setup Model”，即安装模型；

（9）图标表示“View Parameters”，即查看参数；

（10）图标表示“Exit”，即退出。

三、Initial parameters

参数初始化界面如下图所示：

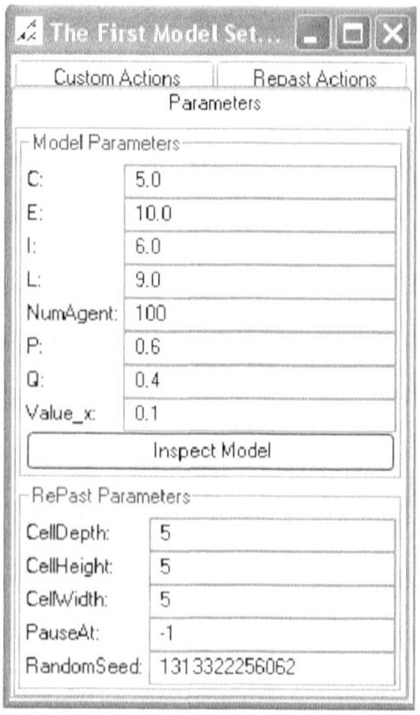

图中 C、E、I、L、P、q 即式（6.1）中的数学符号，Value_x 为式（6.1）中的 x，NumAgent 表示组织的总个数。

图中文本框中的数字为设定的初始值，可手工进行调整。确定后点击“运行”，程序将根据式（6.1）、式（6.2）计算 ui 和 un 的值，进而依据动态博弈流程继续下去。

四、Repast output window

Repast 输出界面如下图所示：

图中将显示出程序内“System.out.println ("*****");”中的内容，为调试程序及修改程序错误提供了极大的便利。

五、Agent 状况窗口

显示全部 Agent 状况的界面如下图所示：

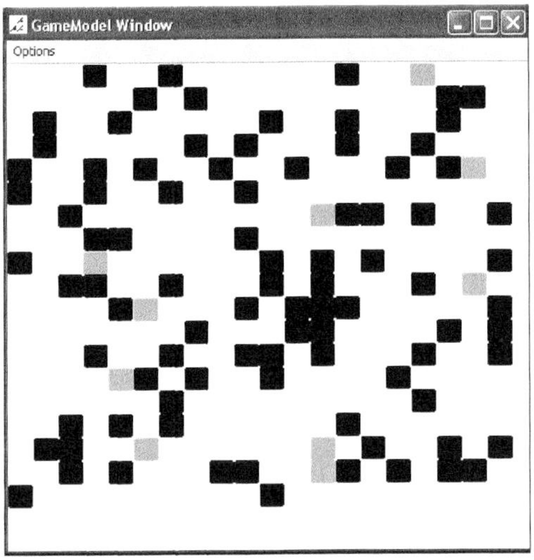

在初始状态有 10 个组织进行信息安全投资，故有 10 个 Agent 显示浅灰色。随着 step 的进行，参加信息安全投资的组织个数将发生变化，如下图所示：

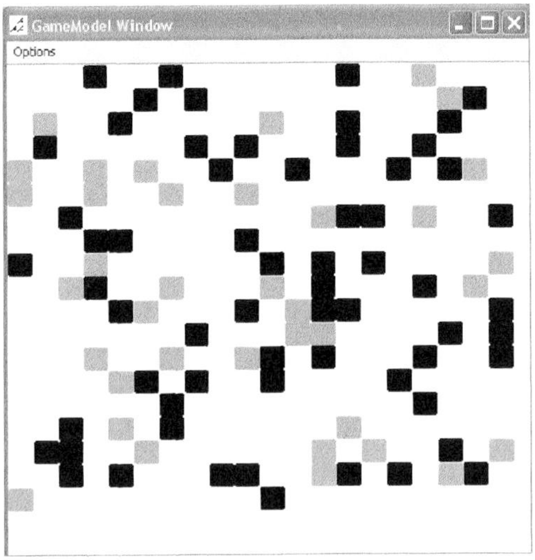

此时表示有 37 个组织进行信息安全投资，故 37 个 Agent 显示浅灰色。

六、x 值变化动态窗口

显示 x（value_x）值变化动态的界面如下图所示：

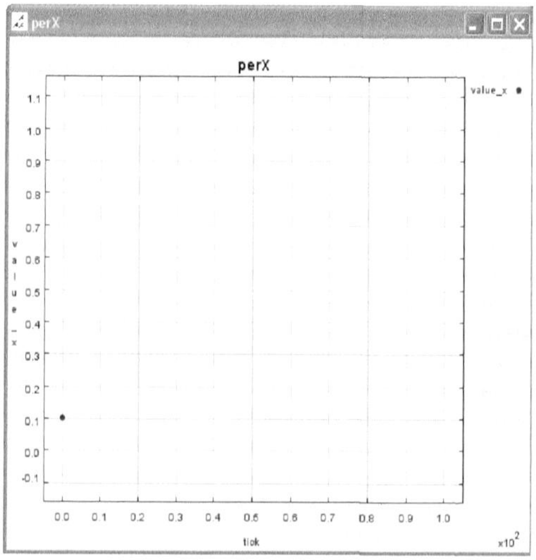

横轴表示进行的 step 的次数，纵轴表示 value_x 的值。

初始状态是 value_x 为 0.1，表示有 10 个 Agent 为绿色（10 个组织进行信息安全投资）。随着 step 的进行，value_x 的值将发生改变，如下图所示（对应上述 Agent 状态图）：

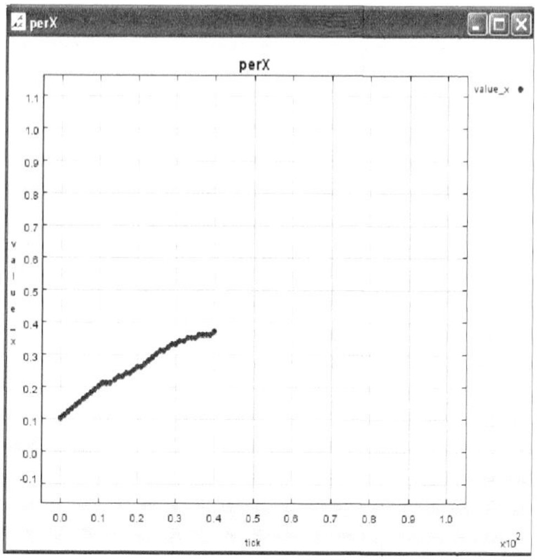

此时也显示有 37 个 Agent 参加信息安全投资，但比 Agent 状态图反映出更多信息的是：在 40 个 step 变化中，有 27 个 Agent 由不进行信息安全投资转变成进行信息安全投资。